D1688677

IDEENBUCH
Sitzplätze

IDEENBUCH
Sitzplätze

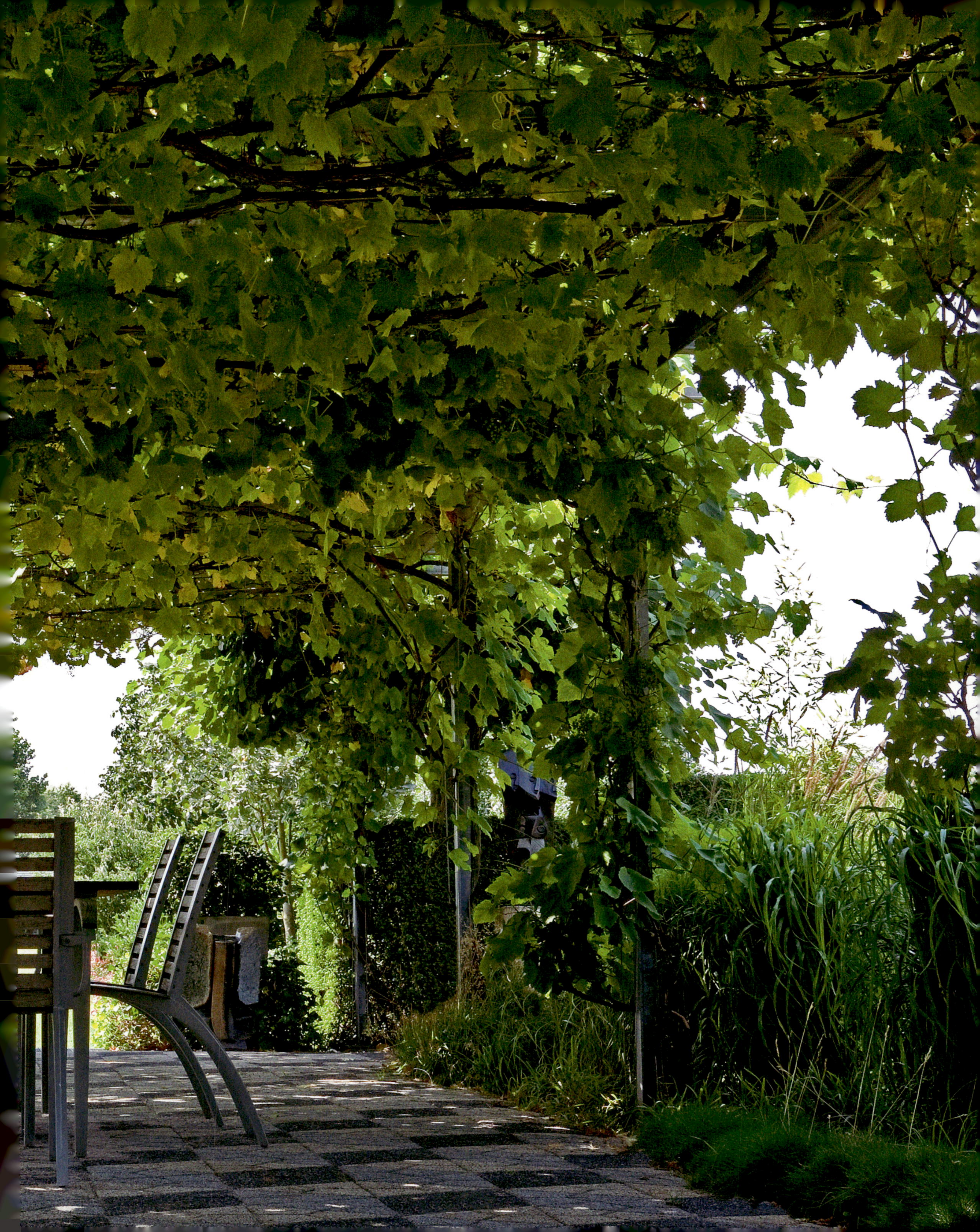

Der gelernte Landschaftsgärtner Manuel Sauer studierte Landschaftsarchitektur in Deutschland und in den USA, wo er die hohe Kunst des individuellen Gartendesigns kennenlernte. Umfassende Ingenieurerfahrungen sammelte er unter anderem in der Projektsteuerung bei verschiedenen deutschen Bundes- und Landesgartenschauen. Heute zählt Manuel Sauer zu der neuen Generation unabhängiger Gartenarchitekten in Deutschland, die sowohl die stilsichere Gartengestaltung als auch das professionelle Baumanagement beherrschen. Er plant und realisiert europaweit Gärten und Parkanlagen. Die besondere Leidenschaft des zertifizierten Fachberaters für Schwimmbadtechnik gilt den Wassergärten. Manuel Sauer wurde bereits mehrfach ausgezeichnet (BSW Award 2009, Red Dot Award 2010) und ist Nominee für die höchste deutsche Designauszeichnung 2011, den Designpreis der Bundesrepublik Deutschland. Er veröffentlicht regelmäßig Beiträge zu Fragen der aktuellen Gartenarchitektur, hält Fachvorträge für seine Architektenkammer und veranstaltet Planungs-Workshops in Südeuropa. Manuel Sauer ist Inhaber von Terramanus Landschaftsarchitektur in Bonn.

Vorwort

„Ach ja, und ein Sitzplatz sollte auch noch irgendwo hin!" So oder ähnlich höre ich es schon einmal von meinen Kunden, wenn wir in den ersten Gesprächsrunden die Wunschliste für den neuen Garten zusammenstellen. Im Vordergrund der Überlegungen steht für sie selbstverständlich erst einmal das, was das klassische Bild eines Gartens ausmacht. Die Gedanken kreisen dann um Bilder von üppiger Blütenpracht oder leise plätschernden Wasserspielen.

Doch um all das intensiv zu genießen, benötigen die künftigen Nutzer Gartenbereiche, in denen man sich bequem und ungestört aufhalten kann und die gerne immer wieder aufgesucht werden. Ein Sitzplatz muss also her – und jetzt wird es plötzlich interessant. Denn schön wäre es natürlich, wenn der Sitzplatz den Garten auch als Gestaltungselement bereichert und sich gut in das persönliche Gartenparadies einfügt.

Bei genauerer Betrachtung wird also klar, dass Sitzplätze nicht nur ein Abstellplatz für den Gartenstuhl sind, sondern oft der entscheidende Teil einer als gelungen empfundenen Gartengestaltung. Damit er in diesem Sinne perfekt funktioniert, ist die Lage des Sitzplatzes sorgfältig auszuwählen und dann für die unterschiedlichsten Bedürfnisse einzurichten. Doch was heißt das nun für Ihren Garten und Ihre ganz persönlichen Bedürfnisse?

Das vorliegende Buch soll Ihnen hier als Inspirationsquell, aber auch als Entscheidungshilfe dienen. Eine Fülle vorbildlicher Lösungen für alle Geschmäcker erwartet Sie. Dazu erfahren Sie auch wichtige Details zur Planung, zum Bau und zur Pflege eines Sitzplatzes, damit Sie lange Freude daran haben. Manches Beispiel eignet sich zur direkten Umsetzung. Aber Sie finden auch anspruchsvolle Gestaltungen, die eine sorgfältige Planung erfordern, um ihre ganze Wirkung zu entfalten. Scheuen Sie in einem solchen Fall nicht den größeren Aufwand und planen Sie mit etwas Ruhe. Oder suchen Sie im Zweifel besser Hilfe bei einem Planungsprofi, der täglich berät, entwirft und die Kosten kennt. Ihr Traumgarten wird es Ihnen für alle Zeiten danken.

Und nun werden Sie aktiv! Lassen Sie sich auf den nächsten Seiten anregen und tauchen Sie ein in die Ideenwelt der Sitzplätze. Ich wünsche Ihnen eine spannende Entdeckungsreise.

„Site is a sculpture."
(Isamu Noguchi, Land-Artist, Japan/USA)

„Gartenarchitektur formt Landschaft zu einer begehbaren Skulptur, in welcher Mensch und Natur der gemeinsame Maßstab sind."
(Manuel Sauer, Landschaftsarchitekt)

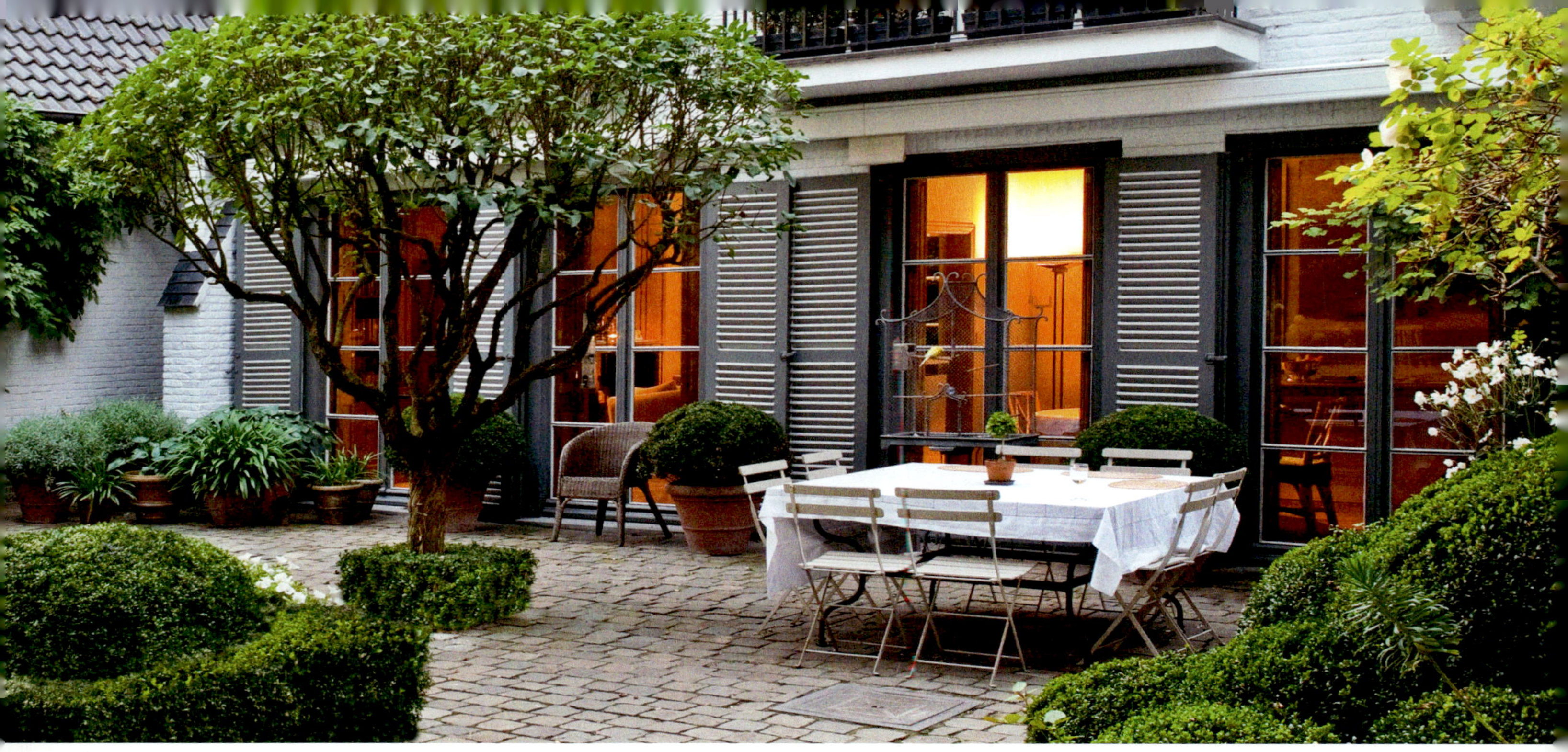
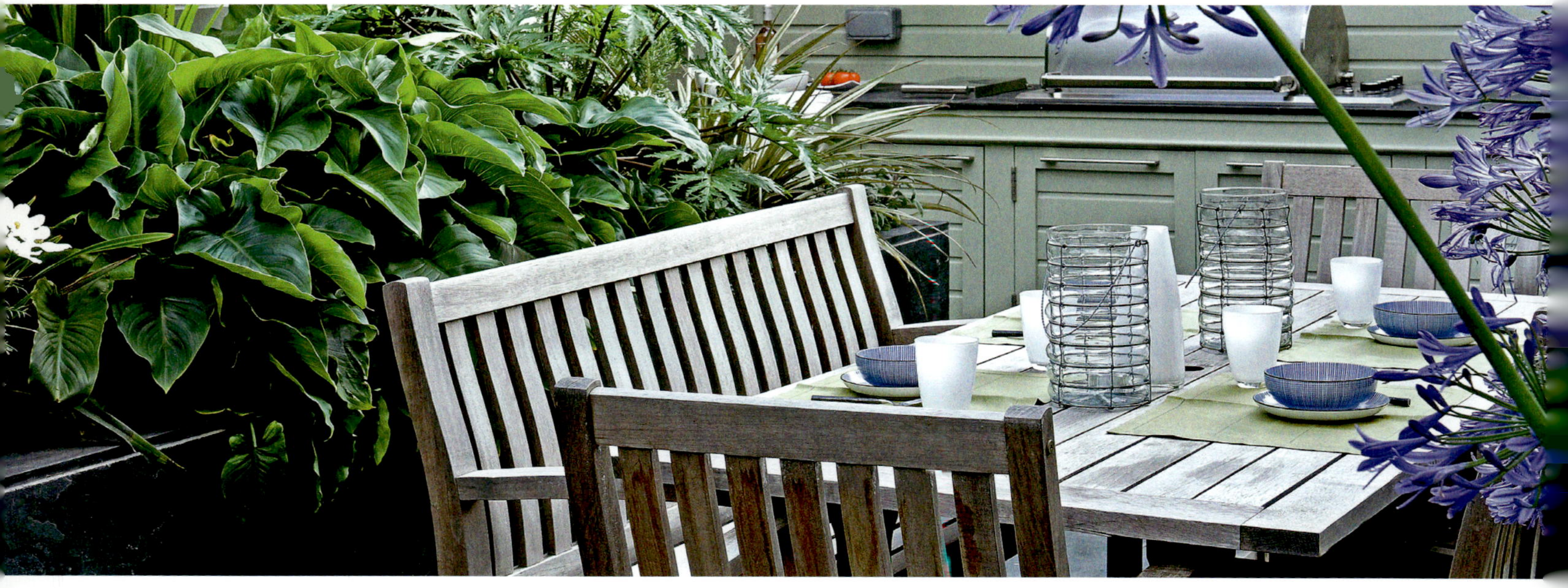
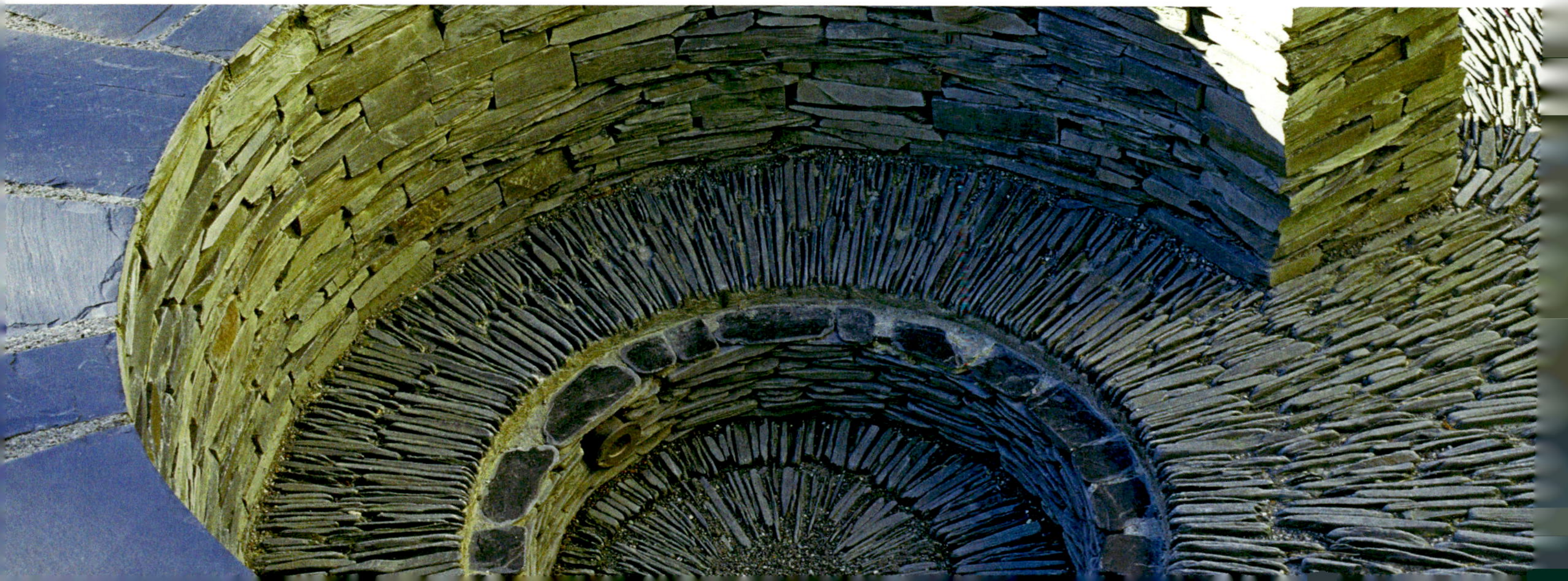

IDEENBUCH
Sitzplätze

5 **Vorwort**

8 **Sitzplätze am Haus**
Wann Sitzplätze als harmonischer Bestandteil des Wohnhauses wirken, doch gleichzeitig noch unterschiedlichste Aufgaben erfüllen

42 **Sitzplätze im Garten**
Wie Sitzplätze die gewünschte Gartenatmosphäre aufnehmen, aber auch mitten im Grünen zum gemütlichen Refugium erwachsen

80 **Gartengestaltung mit Sitzplätzen**
Wodurch Sitzplätze als attraktiver Blickfang funktionieren oder sogar zum individuellen Gestaltungsthema des gesamten Gartens werden

114 **Sitzplatz-Details**
Ausgefallenes Design, Sonderfälle in Minigärten und was Sie sonst noch wissen sollten über Outdoor-Küchen, Schattenspender, Feuerstellen und Entspannung in luftiger Höhe

174 **Anhang**
Praxisteil Sitzplatzplanung, Materialinformationen für Sitzmöbel, Impressum

Sitzplätze am Haus

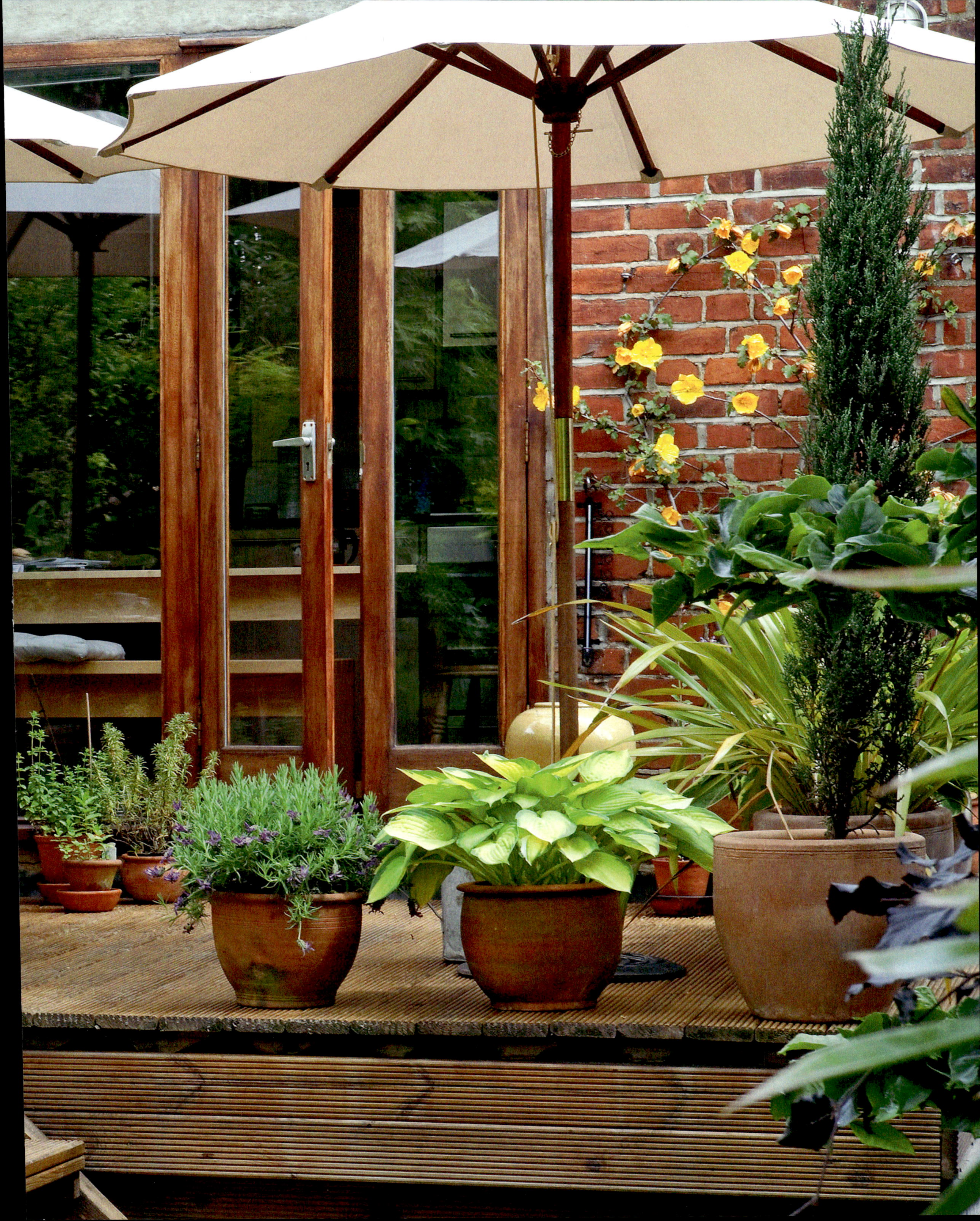

Mut zur Lücke Was das Wohnzimmer für das Haus oder die Wohnung, ist die Terrasse für den Garten. Hier wird sich ein Großteil Ihres Gartenlebens abspielen. Auf der Terrasse werden Sie Ihr Sonntagsfrühstück genießen, sich mit Freunden treffen oder einfach gemütlich den Tag ausklingen lassen. Und wie bei der Planung eines Wohnzimmers sollten Sie den Platz hier nicht zu knapp bemessen.

Gut dimensionierte Terrassen bieten nicht nur genügend Fläche für alle Gäste, sondern auch für die Ausstattungsgegenstände. Sonnenschirm, Grill, der Lesesessel oder die Liege – all dies wird sich im Alltag bald auf Ihrer neuen Terrasse einfinden und benötigt seinen Raum. Eine weitere raumgreifende Bereicherung sind natürlich dekorative Elemente wie große und kleine Pflanzkübel, die sich bei genügend Platz auch zwanglos gruppieren lassen. Jetzt zahlt es sich aus, wenn Sie den Sitzplatz am Haus mit etwas größerer Geste geplant haben.

In meinen Planungsgesprächen höre ich schon mal die Befürchtung, dass eine große Terrasse vielleicht langweilig oder zu beherrschend wirken könnte. Die Gefahr der Monotonie besteht auf großen Terrassen tatsächlich. Allerdings liegen die Gründe dafür meist in einer wenig gelungenen Gestaltung der Terrasse oder der Umgebung. Aber dazu später mehr. Seien Sie also besser großzügig bei der Planung dieses wichtigen Freizeitbereichs. Spätestens bei Ihrer ersten Sommerparty werden Sie Ihre große Terrasse lieben.

Planung der Flächengröße Bei der Planung der Sitzplatzgröße hilft eine maßstäbliche Skizze. Auf ihr können Sie alle Ausstattungsgegenstände anordnen. Zeichnen Sie Tisch, Sonnenschirm oder Pflanzkübel maßstäblich auf eine dünne Pappe und schneiden diese aus. So können Sie schnell verschiedene Varianten ausprobieren. Bedenken Sie dabei, dass eine Fläche im Außenbereich kleiner wirkt als im Innenraum, weil keine Wände zur Orientierung vorhanden sind. Ein Sitzplatz mit einem Esstisch für 4 Personen benötigt beispielsweise ca. 3,30 m mal 3,30 m. Rechnen Sie um den Sitzbereich auch eine Bewegungszone von etwa 60 cm ein.

Sie träumen von einer großen Terrasse, doch das Budget ist noch zu klein? Dann bauen Sie zunächst die Schottertragschicht in der benötigten Größe und warten noch ein Jahr mit dem Belag. Um die Terrasse aber in der Zwischenzeit bereits zu nutzen, kann die Fläche mit Perlkies oder – noch günstiger – mit einem Kunstrasenteppich bedeckt werden.

SITZPLÄTZE AM HAUS

Klinkerverlegebild Die feine, schlanke Bänderung des Belags erreichen Sie, wenn Sie die Klinkersteine beim Einbau hochkant stellen. Sie sind dadurch auch belastbarer und eignen sich dann sogar für Pkw-Einfahrten.

Stahl im Außenbereich Stahl benötigt im Außenbereich immer einen Rostschutz. Soll die Stahlfläche metallisch bleiben, empfiehlt sich die Feuerverzinkung. Dabei erhält das fertige Stahlteil einen Überzug aus geschmolzenem Zink bei ca. 450 °C. Damit diese Schutzschicht nicht mehr durchbrochen wird, erledigen Sie sämtliche Materialkürzungen und Bohrungen vor der Feuerverzinkung.

Kein Schattendasein Auch abseits von der Hauptterrasse gelegene Bereiche können am Haus für einen attraktiven Sitzplatz genutzt werden. Im Bild sehen Sie, wie eine eigentlich schlicht wirkende Klinkerpflasterfläche zum idealen Hintergrund für die Inszenierung eines ausgefallenen Outdoor-Möbels wird. Die Wirkung stimmt hier, weil bei der Auswahl der Rundsitzbank die moderne Gebäudearchitektur angemessen berücksichtigt wurde. Die mobile Rundsitzbank bildet mit dem Tisch eine stabile Einheit. So kann sie gleichzeitig den eleganten Sonnenschirm aufnehmen. Durch seine pfiffige Verspannungstechnik wirkt der Schirm, von unten betrachtet, besonders grazil und luftig. Wertvoll ist dieser Ort auch, weil er den Gebäudeschatten nutzt und an sehr heißen Tagen viel Schutz vor der Sonne bieten kann.

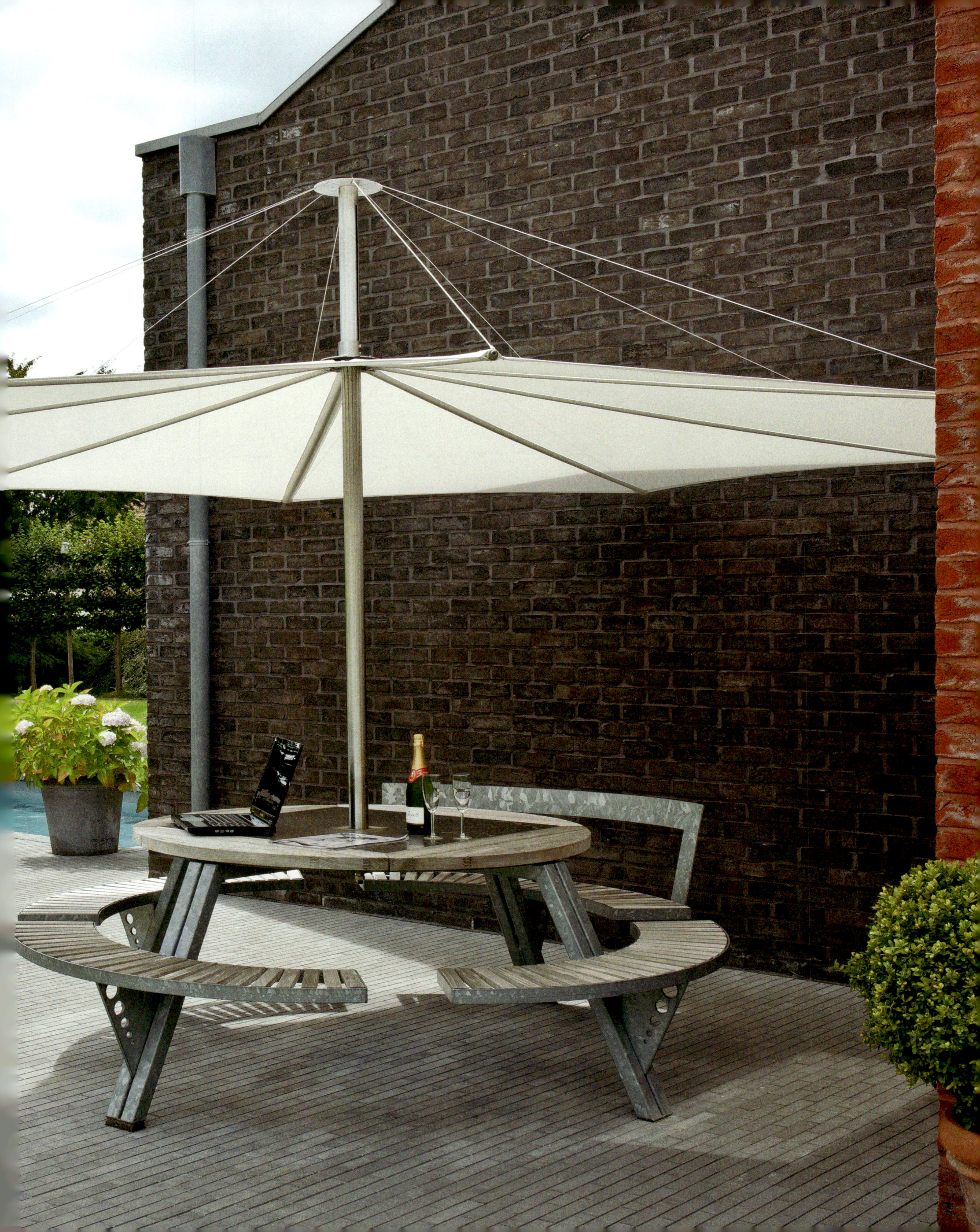

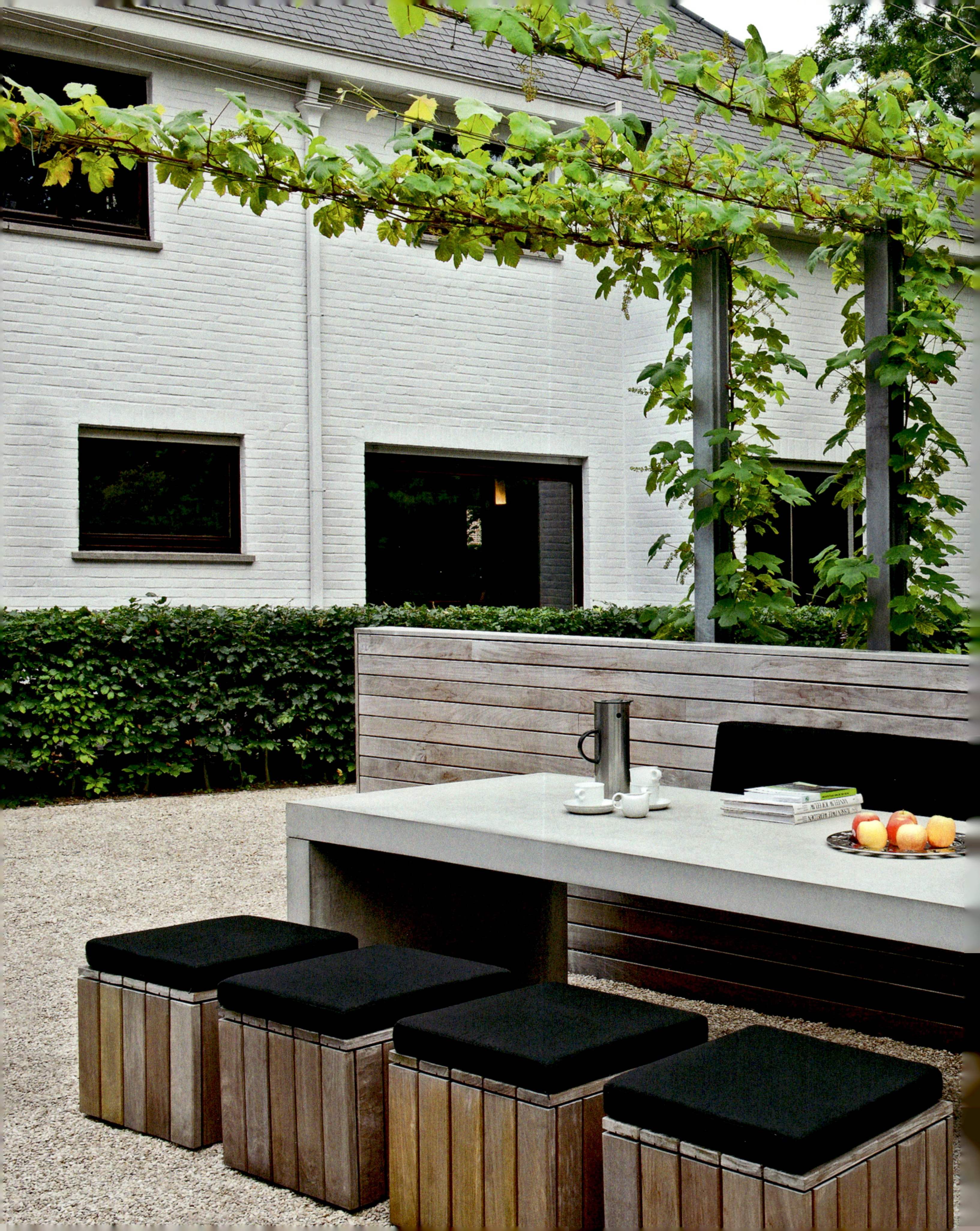

Rank-Geflüster Sicher pflichten Sie mir bei: Sitzplätze werden dann gerne genutzt, wenn sich ihre Nutzer geschützt und sicher fühlen können. Der Schutz nach oben gehört dazu. Doch braucht es gar nicht immer ein dicht geschlossenes Dach: Schon die Andeutung einer Überdachung kann eine gewisse Geborgenheit vermitteln. Diese filigrane Pergola aus einer Stahlkonstruktion mit Stahlseilverspannung veranschaulicht dies vorbildlich. Die jungen Weinranken werden den Bereich natürlich einmal schließen und beschatten, aber auch so entsteht bereits ein verlockender Sitzbereich. Fast ist es, als spiele die Pergola erst noch mit ihrer Aufgabe, einmal Schatten zu spenden.

SITZPLÄTZE AM HAUS

1 Kiesfläche
2 Rankgerüst
3 Betontisch
4 Sitzbank
5 Sitzhocker

Feine Zutaten gut kombiniert

Sehr schön gelungen ist hier auch die Zusammenführung technischer Materialien wie Sichtbeton und verzinkter Stahl mit dem natürlichen Holz der Sitzelemente in warmen Grautönen von Hell bis Anthrazit. Die modernen Betonmöbel eignen sich für den Innen- und Außenbereich. Je nach Produktionsverfahren kann die Sichtbetonoberfläche stumpf-matt erscheinen oder speckig schimmern.

Der feine, cremefarbene Perlkies unterstützt die leichte Atmosphäre dieses Idylls. Der eigentliche Kiesbelag sollte lediglich eine Dicke von 2 bis 3 cm aufweisen. Dickere Kiesschichten werden zu weich, sind unbequemer zu begehen und bieten Tischen zu wenig Stabilität.

Gut zu erkennen ist auf dem Grundriss, dass die Außenmaße der Pergola nicht mit der Breite der gesamten Sitzbank übereinstimmen. Die Pergola überspannt sie nur bis zum Ende des Sichtbetontisches. Mit diesem Kniff gelingt dem Designer eine optisch stärkere Einheit zwischen dem schweren Tisch und der leichten Pergolakonstruktion. Die Rückenlehne der Sitzbank schiebt sich hingegen wie losgelöst als Riegel seitlich über den Sitzbereich hinaus und wird so zur Rückwand des gesamten Sitzbereichs.

Die Rückwand wurde aus einem glattgehobelten Tropenholz gefertigt. Ihre schmalen Lattenbreiten verleihen der Wand eine feine Leichtigkeit. Ein schmaler Holzrahmen schließt die Wand an den Enden ab. Die Rankpfosten steigen unmittelbar hinter der Rückwand auf und stützen sie auf diese Weise.

Betonmöbelpflege Ähnlich wie Sandstein ist auch der Beton ein leicht poröses Material. Verunreinigungen, zum Beispiel durch Speiseöl oder Rotwein, können auf der Betontischplatte Flecken hinterlassen. Hier empfiehlt sich ein Schutz durch einen speziellen Wachsauftrag. Durch diesen witterungsfesten Oberflächenschutz ist die Betonoberfläche dann nicht nur wasserabweisend und resistent gegen Säure und Schmutz, sondern erhält auch eine sehr ansprechende feine und glatte Optik.

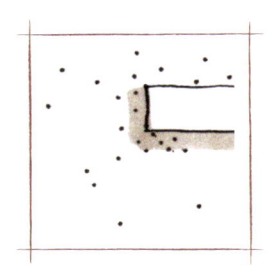

Kiesunterbau Kiesbeläge verlangen eine stabile, etwa 20 cm starke Tragschicht aus Schotter. Diese Schotterschicht verhindert nicht nur das Aufsteigen von Erdfeuchtigkeit, sondern sorgt auch dafür, dass unerwünschte Gräser und Kräuter nur sehr schwierige Keimungsbedingungen vorfinden.

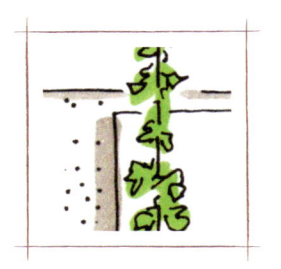

Rankhilfe Als Rankhilfe eignen sich besonders verzinkter Draht und Seile aus Edelstahl. Letztere haben den Vorteil, dass es für ihre Montage eine Vielzahl von Befestigungsteilen und Spannelementen gibt, die dauerhaft rostfrei sind. Montieren Sie die Seile grundsätzlich mit Abstandhaltern (Mindestlänge ca. 10 cm) an der Wand, damit die Pflanze sie leicht umwachsen kann.

SITZPLÄTZE AM HAUS

Kieselstein-Ornamente Eine Pflasterfläche aus Kieselsteinen ist ein kleines Stück Kunst-Hand-Werk. Jeder einzelne Stein wird bei der Verlegung kurz begutachtet und dann in das Mörtelbett gesetzt. Immer wieder muss die Fläche auch mit Abstand betrachtet werden, um den Gesamteindruck zu prüfen. Zwischendurch werden die Steine von ihrem Zementschleier befreit, damit sie ihre Farbechtheit nicht verlieren. Bei Verlegearbeiten wie diesen ist es daher besonders wichtig, dass auch der verdichtete Unterbau eine optimale Stabilität aufweist. Zudem verlangt die Kiesfläche eine kräftige Tragschicht und dann eine Lage aus Drainmörtel.

Schöne Aussicht Wie schaffen Sie einen Garten mit echter Persönlichkeit? Indem Sie ein möglichst eindeutiges Gestaltungsthema wählen und es dann konsequent umsetzen. Wer dachte, verträumte Romantik sei ein angestaubtes Thema, findet hier eine andere Antwort – und ein gelungenes Beispiel für einen perfekt funktionierenden Sitzplatz. Denn in dieser kleinen Oase bietet er eine fast atemberaubende Aussicht auf kunstvolle Ornamente, die von einer ruhigen, aber dennoch farbenfrohen Bepflanzung eingerahmt werden. Das Zentrum gehört einem würdevollen Apfelbaum, an dem knackige Früchte gedeihen – damit ist das Paradies zum Greifen nahe. Fast möchte man sich von seinem Sitzplatz gar nicht mehr erheben, um das elegante Stillleben zu betreten. Wozu auch, durch seine erhöhte Anordnung bietet der Platz den besten Ausblick in den Senkgarten. Stundenlanger Genuss ist dem Betrachter hier garantiert.

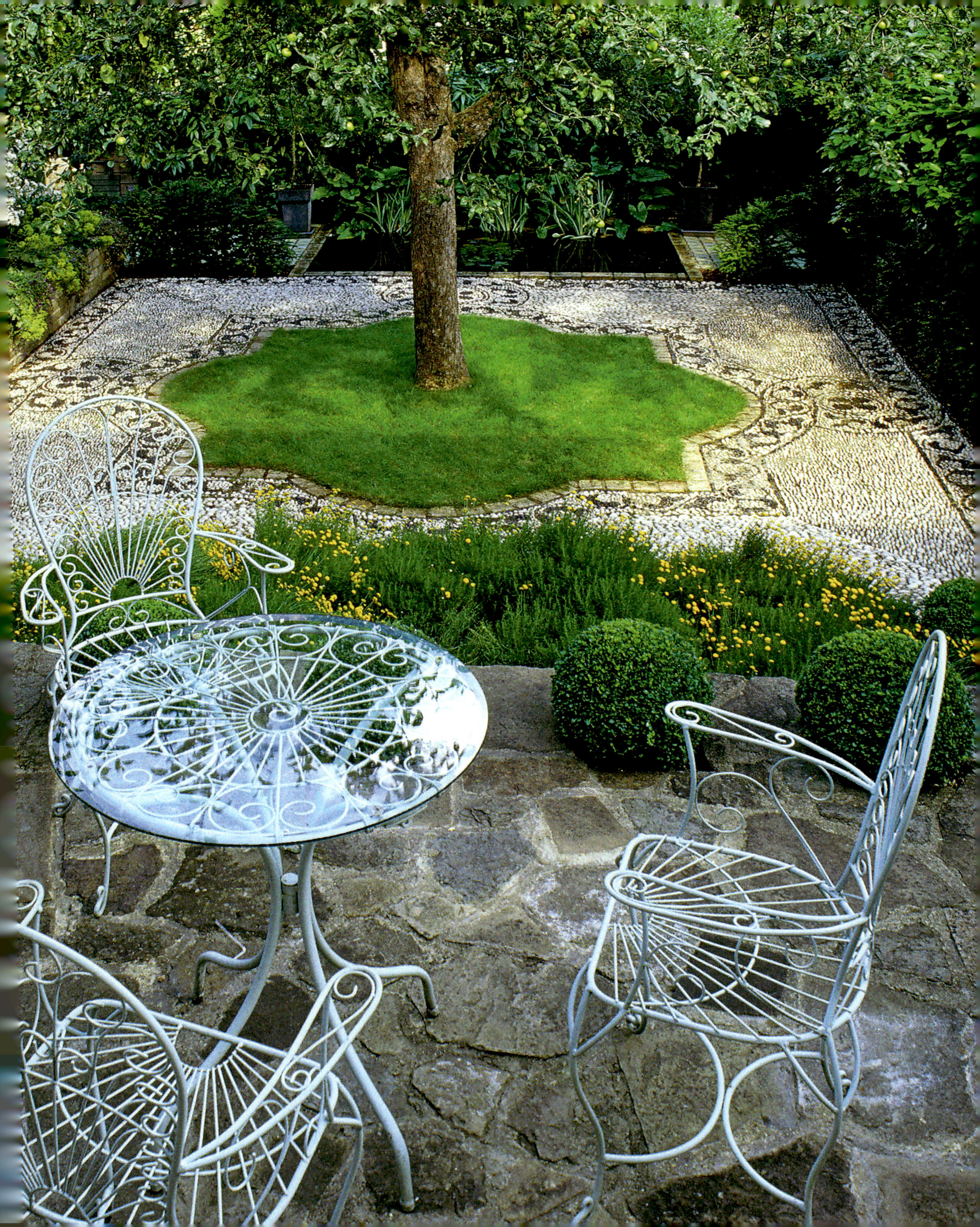

Kleine Ursache … Ein gemütliches Ambiente verlangt nicht zwangsläufig einen hohen Gestaltungsaufwand. Beide hier abgebildeten Sitzplätze in direkter Nähe des Hauses bieten auf den ersten Blick keine besonderen Augenfälligkeiten. Sie fügen sich eigentlich recht unspektakulär in die Architektur des Hauses, was bereits eine gute Lösung ist. Doch fällt ein Aspekt auf: Auf beiden Terrassen befinden sich ruhige Grünpflanzen in der Nähe der Sitzplätze. Auf der größeren Terrasse bereichert sogar ein mittig platzierter Kleinbaum die Fläche. Ergänzend dazu nutzen Pflanztöpfe, einheitlich aus Terrakotta, geschickt jeden freien Platz aus, um den Sitzplatz zu beleben. Auch der Sitzplatz auf der kleineren Terrasse profitiert von einer geschmackvollen Begleitung mit Pflanzkübeln, die in diesem Fall farblich mit den dunkelblauen Schlagläden harmonieren.

... große Wirkung Die Verwendung von Grün in Pflanzflächen oder in dekorativen Pflanzgefäßen ist eine hervorragende Möglichkeit, ein behagliches Ambiente mit wenigen Mitteln zu erzeugen. Die punktuelle Begrünung sollten Sie dabei möglichst bis an die Hauswände bringen, wenn die Wände Ihnen in Sitzplatznähe sonst zu kahl erscheinen. Achten Sie jetzt noch einmal auf die Bodenbeläge. In beiden Beispielen korrespondieren sie farblich sehr gut mit dem jeweiligen Ambiente, auch Format und Verlegebild stimmen. Oft ist eine einfache, aber vor allem ruhige Gestaltungslösung die beste. Schließlich ist Harmonie das, was eine gelungene Gartengestaltung immer anstrebt.

SITZPLÄTZE AM HAUS

Beleuchtung Halogen oder LED? Obwohl die LED-Technik die effizientere Lichttechnologie der Zukunft ist, kann es für die Stimmungsbeleuchtung noch sinnvoll sein, die herkömmliche Halogenleuchte vorzuziehen. Halogenleuchten geben meist ein wärmeres Licht ab als die technischer bzw. kälter wirkenden LEDs. Der zweite Grund für Halogenleuchten kann ihre Dimmbarkeit sein. Mit diesen Leuchten könnten Sie die Helligkeit stufenlos der gewünschten Stimmungssituation anpassen. Das geht bei LEDs noch nicht.

Sehen und gesehen werden   Wenn Sie Ihren Garten oft erst in den Abendstunden genießen können, ist die Gestaltung mit Licht besonders wichtig. Dabei geht es weniger darum, Ihren Sitzplatz leicht im Dunkeln zu finden, als durch die Beleuchtung eine stimmungsvolle Atmosphäre zu erreichen. Vermeiden Sie möglichst direkt wirkende Lichtquellen. Wie auf dem Bild gut zu erkennen ist, bieten indirekte Beleuchtungstechniken die interessanteren Möglichkeiten, mit Licht und Schatten zu spielen und Strukturen herauszuarbeiten. Achten Sie bei der Wahl der Leuchten auf warme Lichtfarben.

Ein so inszenierter Gartenraum ist auch dann eine große Bereicherung, wenn er gar nicht genutzt wird. Aus dem Wohnraum betrachtet, wird der beleuchtete Garten zum ganzjährig attraktiven Blickfang für den Wohnbereich.

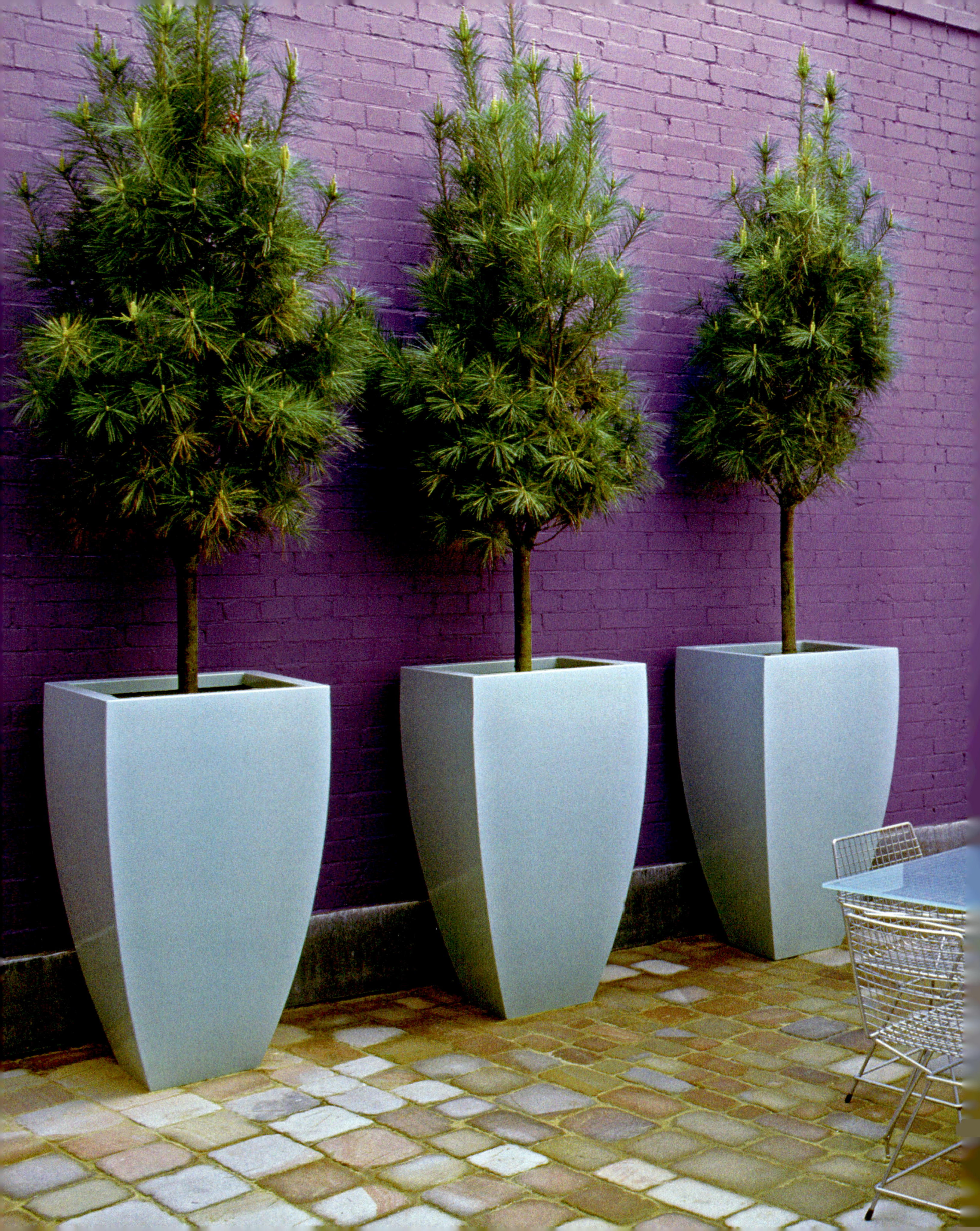

Dreierbande   Ein wirkungsvolles Gestaltungsprinzip können Wiederholung und Rhythmus sein. Das Mauerwerk des Innenhofes erhielt zunächst einen kräftigen Farbanstrich und wurde so zu einem markanten Hintergrund für die davor aufgebaute Begrünung. Drei schlanke Pflanzkübel in einem einheitlichen, kühlen Weißton heben sich deutlich von der Wand ab. Zusammen mit den gleich großen Kiefern bilden sie eine kraftvoll arrangierte Reihe, die den gesamten Innenhof zu einem grafischen Gesamtkunstwerk werden lässt.

Topf-Pflanzen   Wenn großwachsende Gehölze auf ungewöhnliche Weise präsentiert werden, können sie eine verblüffend neue Schönheit entfalten. Das gilt sicher auch für die gewöhnlichen Kiefern auf diesem Beispielbild. Achten Sie jedoch bitte darauf, dass die Pflanzen auch langfristig nicht darunter leiden. Für Kübel sollten Sie daher nur Gehölze verwenden, die einen knappen Wurzelraum und einen regelmäßigen Rückschnitt gut vertragen. Kiefern gehören dazu.

Wassertechnik *Wasserbecken und Teiche funktionieren nur mit einer gewissen technischen Unterstützung zuverlässig. Dazu sind Pumpen und Filter erforderlich, die Platz benötigen. Gerade in kleinen Gärten können Sitzplätze in Form eines Holzdecks da Abhilfe schaffen, denn der Einbau eines Technikschachtes unter dem Deck und eine unauffällige, aber leicht abnehmbare Schachtabdeckung aus Holz sind dann eine gute Lösung.*

Auf schmalem Grat Auch in einem kleinen Garten kann ein Sitzplatz am Wasser ermöglicht werden. Hier wurde wirklich jeder Zentimeter genutzt, um einen Sitzplatz unterzubringen, der den Durchgang zur Terrassentür frei hält. Empfehlenswert ist dabei natürlich eine möglichst leichte Möblierung, die sich bei Bedarf schnell einmal zur Seite räumen lässt. Stellen Sie in Wassernähe sicher, dass ein Umgehen des Sitzplatzes nicht mit einem unfreiwilligen Bad im Teich endet. Als Durchgangsbreite sollten mindestens 60 cm eingehalten werden, 80 cm wären selbstverständlich besser. Die 60-cm-Breite entspricht einer üblichen Wegebreite für eine Person auf privaten Fußwegen. Auch bei diesem Beispiel ergeben Bodenbelag und Sitzmöbel eine optische Einheit, was zu einem angenehm ruhigen Gesamteindruck führt.

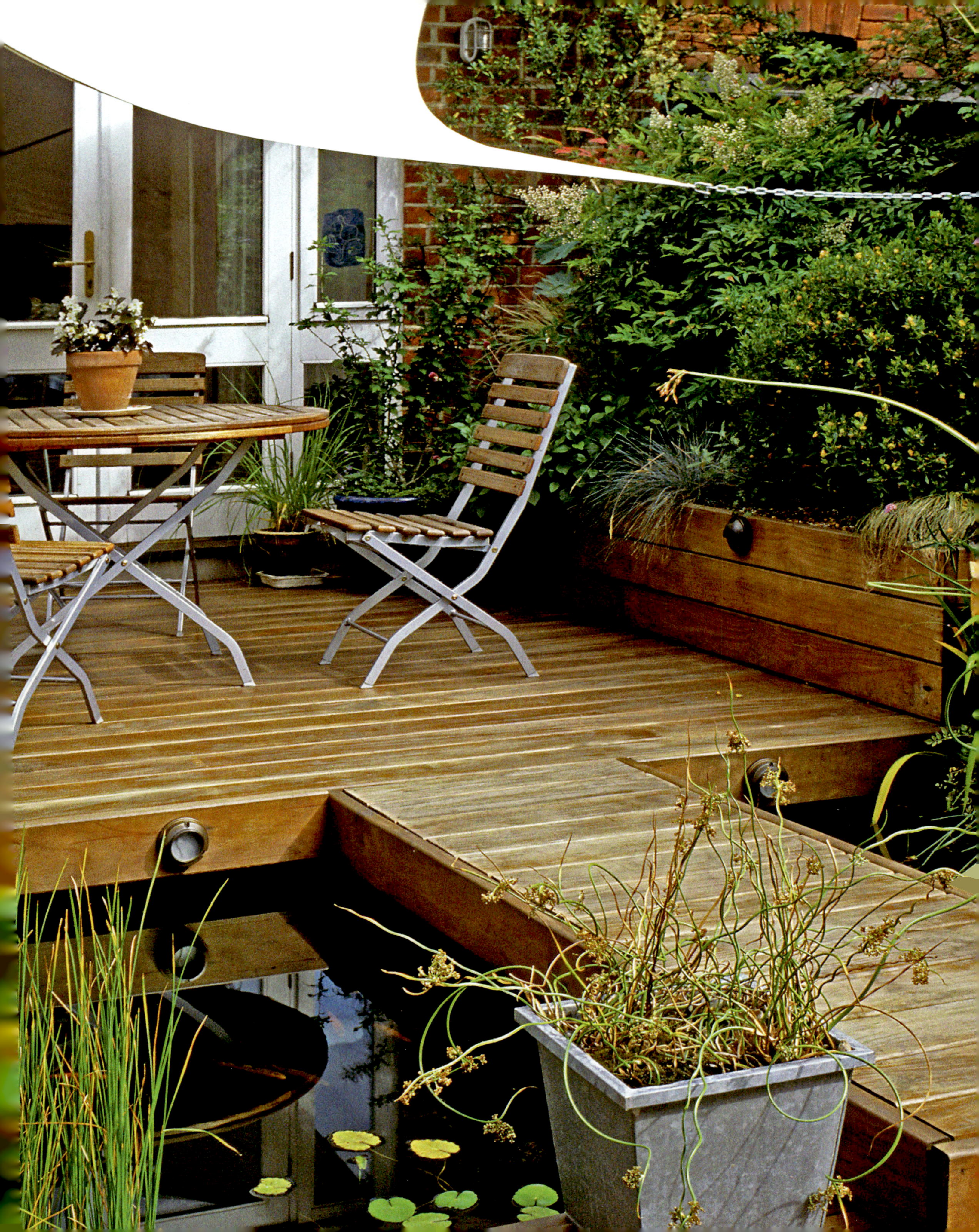

Bei Wind und Wetter   Wenn Sie Ihren Sitzplatz möglichst wetterunabhängig nutzen möchten, kommen Sie um eine Überdachung am Haus nicht herum. Bei diesem kleinen Landhaus wurde die Überdachung nicht nur besonders gekonnt in die Dachkonstruktion eingepasst, zusätzlich bewirkt auch der Glasanbau einen seitlichen Windschutz. Last but not least erhielt die Terrasse noch zum Garten hin eine Abpflanzung aus immergrünen Formgehölzen, sodass sich der Sitzplatz zu einem versteckten Refugium verwandelte. Die Wohnlichkeit steigert hier noch ein Kronleuchter, der unter dem Dach montiert wurde und den Sitzplatz ausleuchtet.

Historische Baustoffe *Wenn Sie eine ganz besondere Gestaltungsidee suchen: Den Charme altehrwürdiger und seltener Materialien, verbunden mit einem Hauch Geschichte – das finden Sie bei historischen Baustoffen. Dies sind originale Baumaterialien, die oft mit viel Engagement beim Rückbau alter Gebäude und Außenanlagen geborgen wurden und von spezialisierten Händlern zum Kauf angeboten werden. Von der ausgetretenen Sandsteintreppe einer verlassenen Dorfkirche über die sorgfältig gesäuberten Klinkersteine einer Scheune bis hin zum jugendstilverzierten Mast einer Gaslaterne werden neugierige Sammler dort fündig. Gerade in kleinen Gärten kann ein solches Element zum unschlagbaren Hingucker werden. Die fachgerechte Verwendung dieser Materialien und ihr Einbau kann mitunter jedoch recht aufwendig sein und gute Fachleute erfordern.*

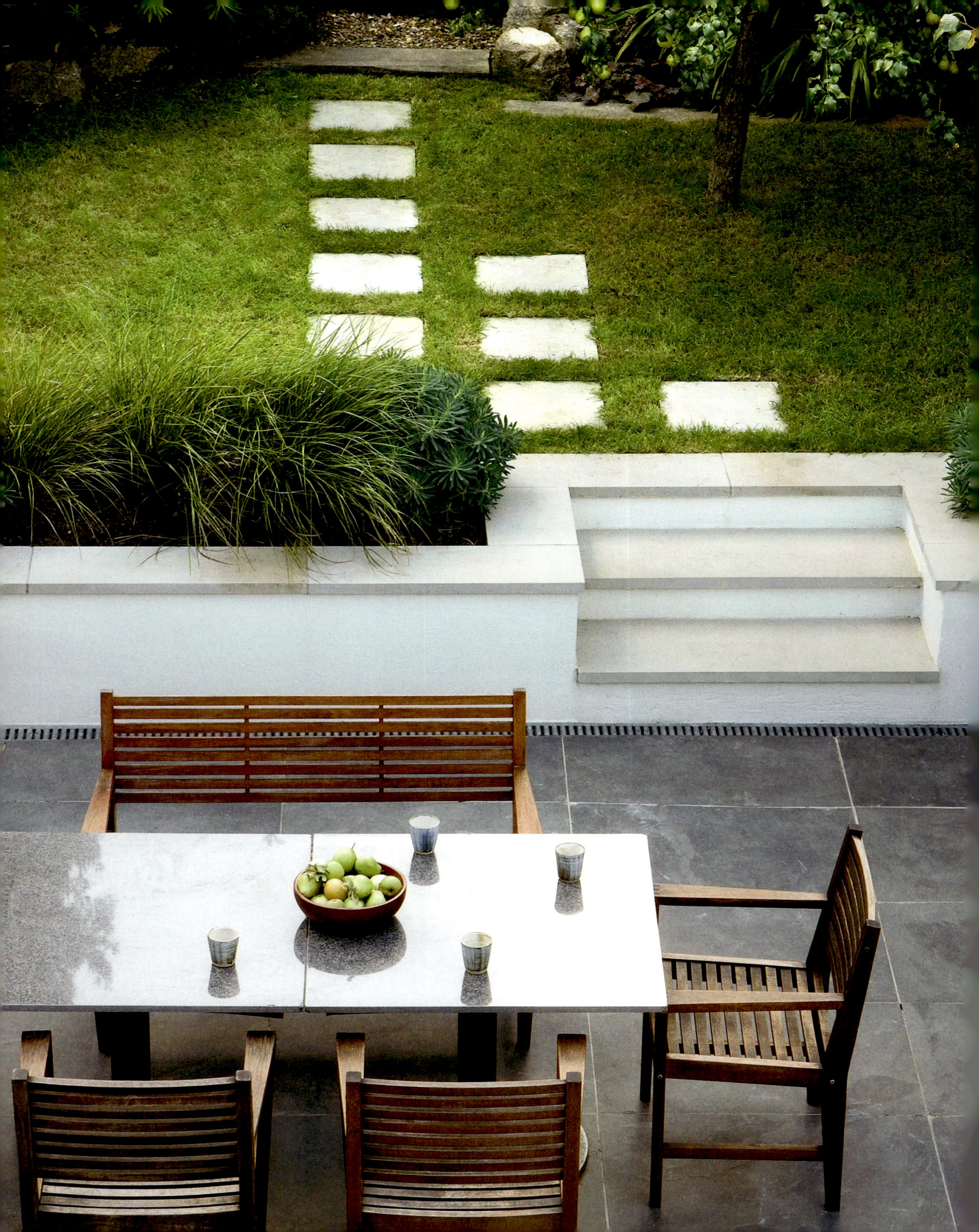

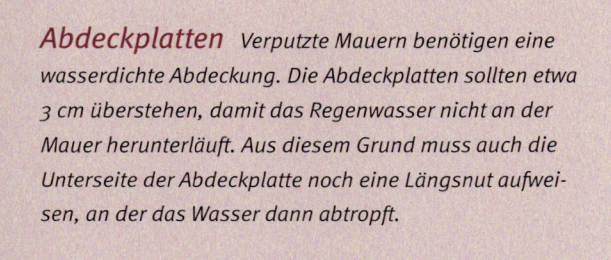

> **Abdeckplatten** *Verputzte Mauern benötigen eine wasserdichte Abdeckung. Die Abdeckplatten sollten etwa 3 cm überstehen, damit das Regenwasser nicht an der Mauer herunterläuft. Aus diesem Grund muss auch die Unterseite der Abdeckplatte noch eine Längsnut aufweisen, an der das Wasser dann abtropft.*

Auf allen Ebenen Die eindrücklichsten Gestaltungschancen bestehen da, wo Höhenunterschiede gegeben sind. Wenn es Ihnen irgend möglich ist, empfehle ich Ihnen, diese nicht einfach auszuplanieren. Schon ab einer Stufenhöhe von ca. 15 cm lassen sich im Garten interessante Ebenen herausbilden. Auf dem Bild wurde am abgesenkten Sitzplatz die Höhe der Gartenmauer so gewählt, dass sie auch als zusätzliche Sitzgelegenheit nutzbar ist. Das ist ein zusätzlicher Platzgewinn. Mauerkronen eignen sich auch immer für die Dekoration mit Pflanzkübeln, Windlichtern oder anderen geschmackvollen Utensilien. Wie bereits bei den Planungstipps in der Einleitung erwähnt wurde, müssen Sie bei einem abgesenkten Platz die Oberflächenentwässerung sicherstellen. Auf dem Bild ist an der Mauer eine Entwässerungsrinne zu erkennen. Sie muss an die Kanalisation angeschlossen werden.

SITZPLÄTZE AM HAUS

Verlegebilder und -muster Muster und Farbwechsel im Bodenbelag werden gerne eingesetzt, um die geplante Fläche mit etwas mehr „Design" aufzuwerten. Doch bitte Vorsicht: Selten „reparieren" Muster eine spannungslose Flächengestaltung oder einen etwas zu billig wirkenden Baustoff. Schnell entsteht nur zusätzlich Unruhe. Versuchen Sie dann besser die Umgebung der „langweiligen" Fläche aufzuwerten, um davon etwas abzulenken – zum Beispiel durch eine imposante Bepflanzung.

Kontrastprogramm Wo Sitzplätze verspringen oder eine unruhige Flächenform aufweisen, können Sie mit einer unterschiedlichen Farbgebung in der Fläche eine neue Ordnung schaffen.

Bei dem hier gezeigten Beispiel nahm der Gestalter die Gebäudefluchten auf und fügte ein kontraststarkes, braunes Pflaster als breiten Flächenrahmen an. Dadurch erhielt der Sitzbereich seine klare Eigenständigkeit. Das Farbenspiel setzt sich dann in der Rattan-Möblierung weiter fort. Der dunkelblaue Sonnenschirm korrespondiert farblich mit dem Hausdach und den Schlagläden. Hier zeigt sich der Vorteil, möglichst frühzeitig Möbel und andere Ausstattungselemente mit der Gestaltungsidee zu verknüpfen.

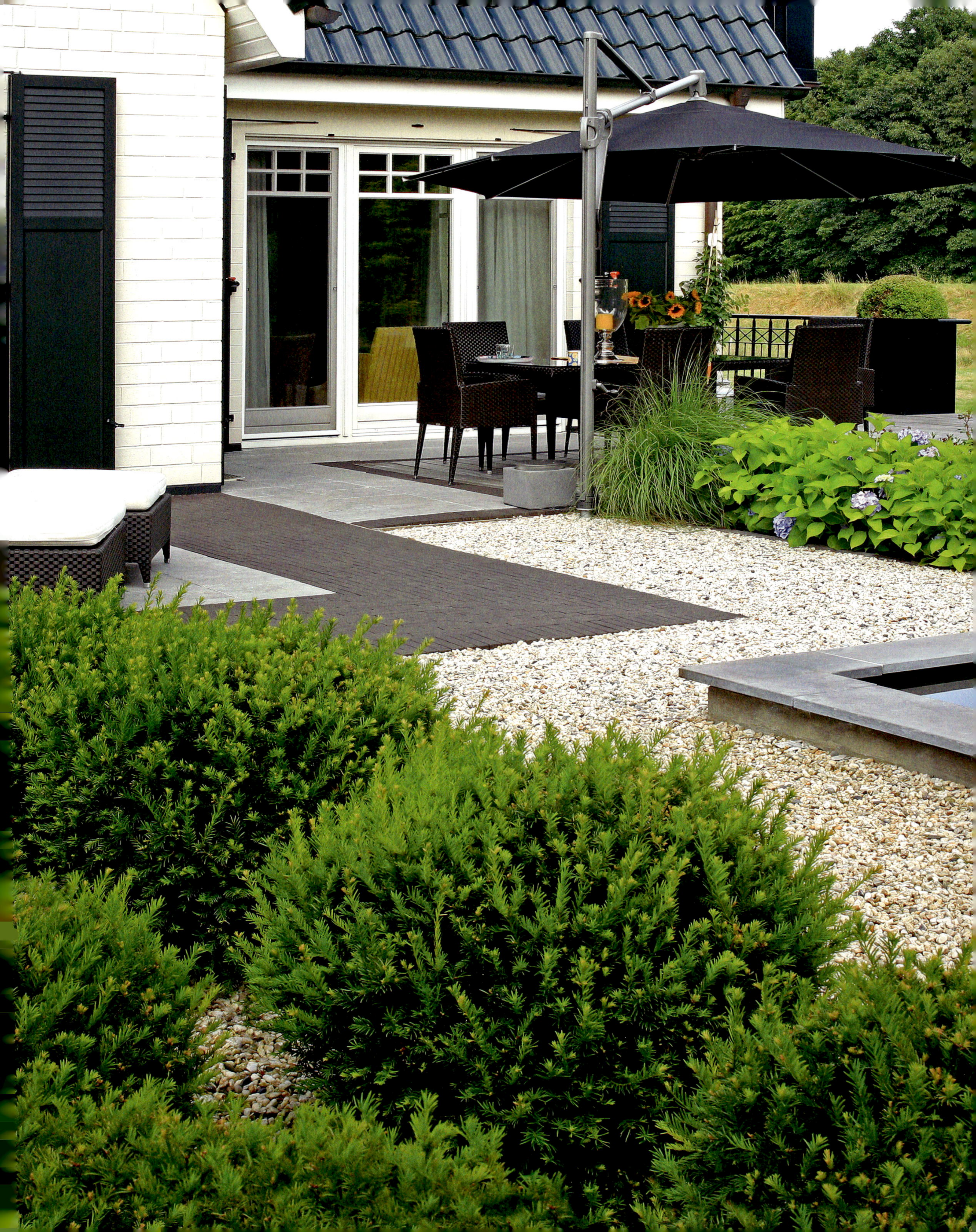

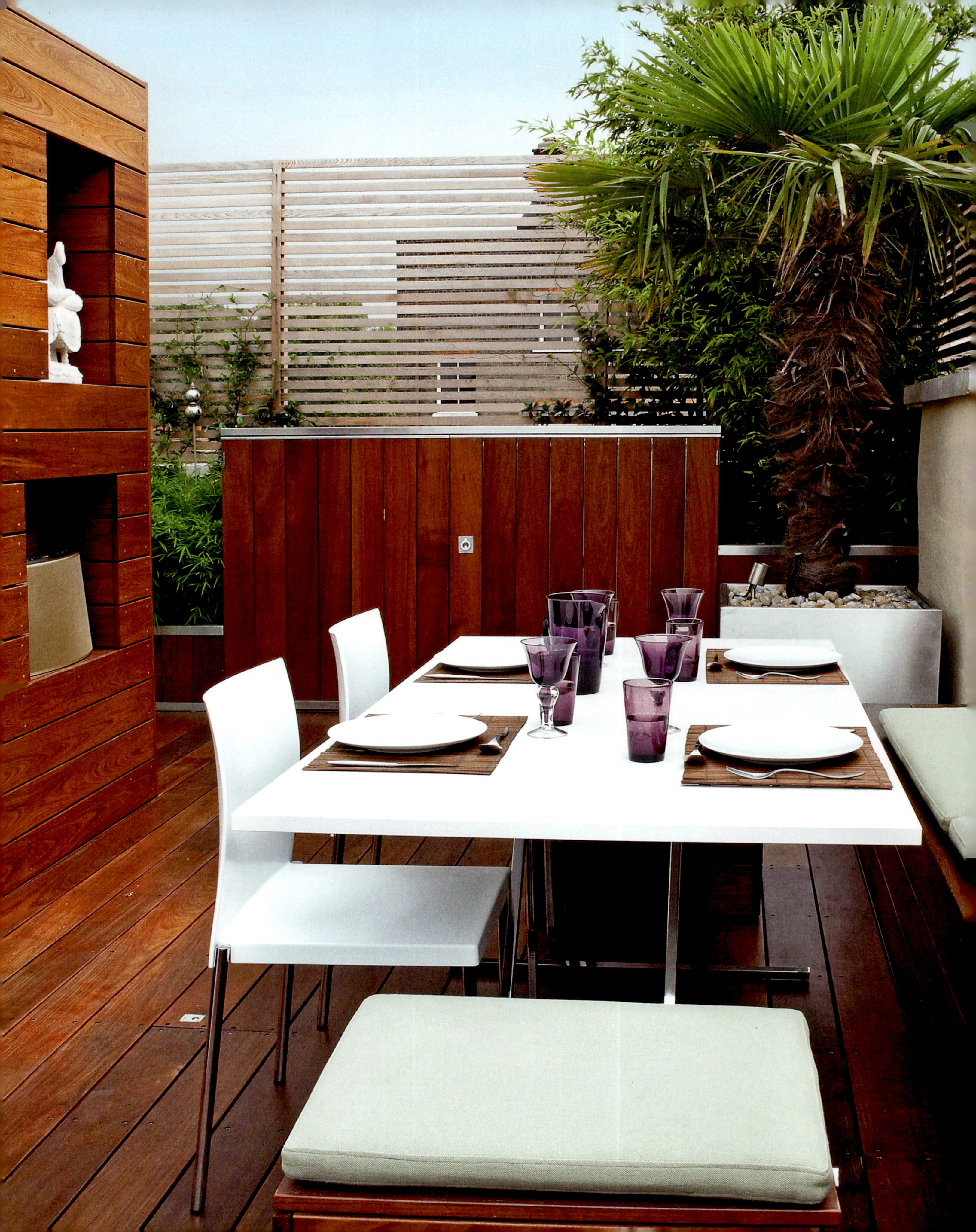

Modulbauweise   Kleine Terrassen können wachsen, wenn Sie diese in einem möglichst einheitlichen Design gestalten. Wie die Abbildung sehr schön zeigt, entsteht diese Einheitlichkeit erst so richtig, wenn Bodenbelag, Beeteinfassungen und die Möblierung zum Bestandteil der Gestaltung geworden sind. Zwar sind die Möbel einzeln anzufertigende Unikate, dafür können Sie so aber auch schwierigere Detailfragen lösen und zusätzlichen Stauraum einplanen. Der kostbare Platz ist dadurch optimal nutzbar.

> **TIPP**
>
> *Die Pflege von Holzflächen im Außenbereich bleibt ein wichtiges Thema. Grundsätzlich müssen Sie bei der Entscheidung für Holz als Terrassenbelag wissen, dass sich bei diesem Naturprodukt die Farbpigmente je nach Intensität des UV-Lichts der Sonnenstrahlen auflösen und die Holzoberfläche eine typische grau-silbrige Patina erhält. Farbanstriche und Pflegemaßnahmen mit Öl sind je nach örtlichen Klimabedingungen regelmäßig, etwa jährlich, zu wiederholen.*

SITZPLÄTZE AM HAUS

Künstliche Bewässerung Im Bereich von Hauswänden müssen Sie besonders auf die Wasserversorgung achten. Oft liegen Terrassen im Wind- und damit auch im Regenschatten des Hauses. Auch eine überstehende Dachtraufe kann Regenwasser abhalten. Pflanzbeete, die direkt am Haus liegen, sind zudem meist nur klein ausgelegt und weisen wenig Wurzelsubstrat auf.

Konstante Bewässerung Doch gerade größer werdende Blüher wie Kletterrosen benötigen eine konstante Wasser- und Nährstoffversorgung, insbesondere wenn die Sonne die Hauswände regelmäßig stark erwärmt. Hier lohnt sich die Investition in eine automatische Tropfbewässerung immer. Auch Topfpflanzen können an solch ein System angeschlossen werden. Wird die Terrasse neu gebaut, können die Hauptleitungen sogar geschickt unter dem Belag entlang geführt werden.

Genügend Wurzelraum Wenn Sie kleine Pflanzbeete im Bodenbelag planen, achten Sie beim Befestigen der Belagränder auf einen sparsamen Betoneinsatz, damit in den Pflanzbeeten noch genügend Wurzelraum verbleibt.

Vorsicht Staunässe Denken Sie auch an die Staunässe: Gleichgültig ob später künstlich oder natürlich bewässert wird, aus jedem Pflanzbeet muss Überschusswasser dauerhaft und zügig ablaufen können.

Flower Power Von einem duftenden, üppigen Blütenmeer umhüllt sein – der Traum aller Blumen- und Blütenenthusiasten lässt sich auch auf einer kleinen Hausterrasse leben. Damit der Blütenrausch aber nicht in einem verwirrenden Farbenkater endet, ist auch hier ein nüchterner Gestaltungsgrundsatz oberstes Gebot:

„Konzentration auf das Wesentliche". In diesem Beispiel dominieren bei den Blüten die Weiß- bis Rosatöne das Bühnenbild. Auch bei der Pflanzenauswahl wurde gepflegte Zurückhaltung geübt. Der Rose gehört neben zwei oder drei anderen Akteuren diese Terrasse unangefochten. Eine ähnliche Kontinuität finden Sie bei den Materialien. Ob Bodenbelag, Pflanzkübel, Dachziegel, Fenstergardinen oder Tischdekoration, alles bewegt sich in feinen Nuancen zwischen Weiß bis rosa-braunen Erdtönen und erzeugt diese wunderschöne, leicht verträumte Landstimmung.

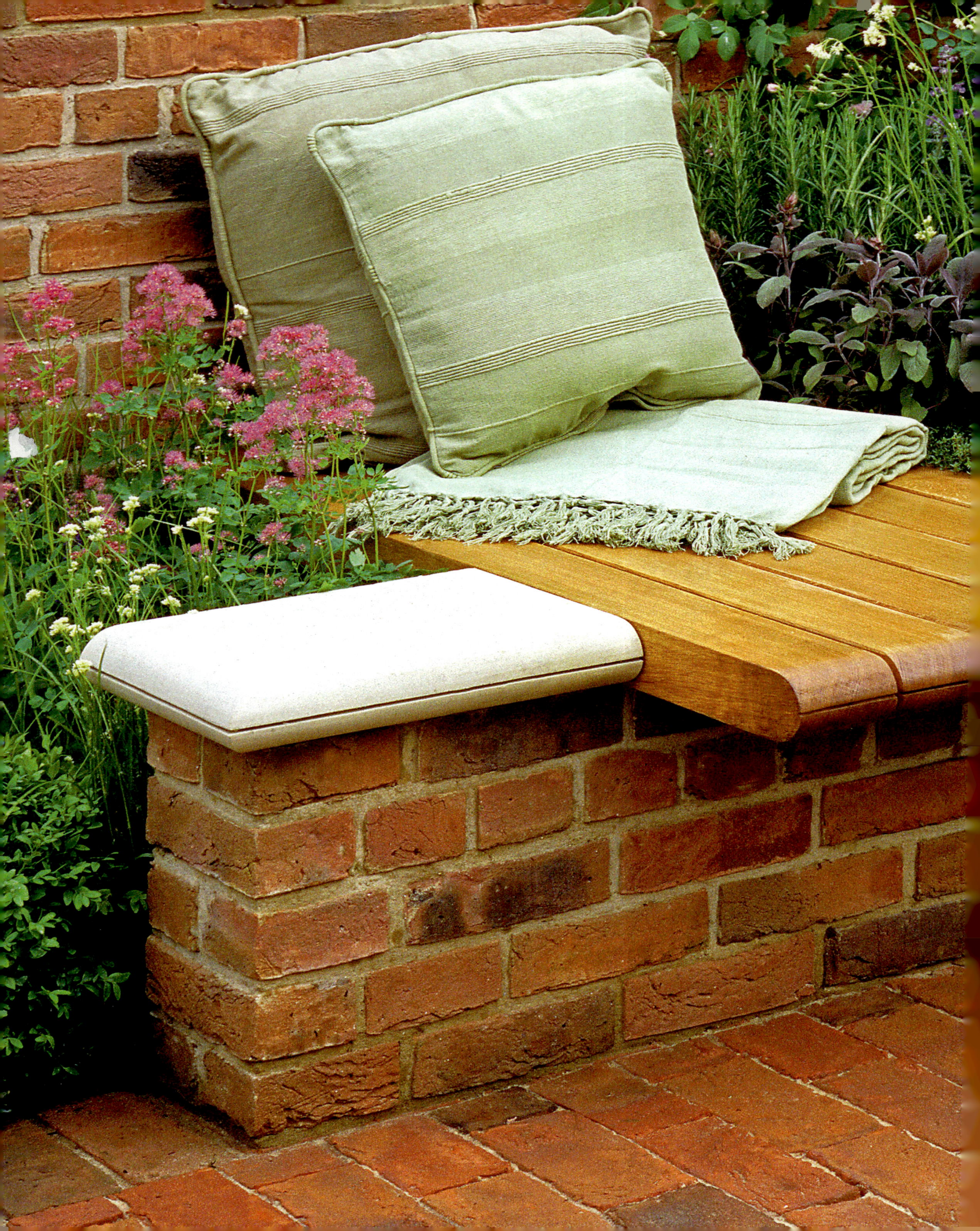

Materialkombinationen Die Kombination von Materialien ist eine hervorragende Möglichkeit, kleinere Details herauszustellen oder auch größere Flächen zu beleben. Beachten Sie aber unbedingt das unterschiedliche Verhalten der Materialien. Während Stein ein eher unflexibler Baustoff ist, verhalten sich Holz oder Stahl elastisch. Holz verändert sein Volumen bei Feuchtigkeit oder Trockenheit, Stahl bei Hitze oder Kälte. Werden diese Eigenschaften beim kombinierten Einbau nicht sorgfältig berücksichtigt, sind undichte Fugenmasse, Versprünge, Spannungsrisse oder Abplatzungen die baldige Folge.

Sitzkissen Diese Sitzgelegenheit ist sehr interessant gestaltet: Wie zufällig lädt der Sitz an einer Stelle des Gartens zum spontanen Verweilen ein. Dabei nutzt er die hintere Gartenmauer als Rückenlehne und die vordere Gartenmauer als Auflager. Gleichzeitig verbindet er die beiden Mauern. Die vordere Einkerbung entlang des Sitzflächenkopfes zeichnet dezent die „Naht" in der Mauerabdeckung nach und stellt damit eine Gemeinsamkeit her. Die echten Kissen an der Wand erwecken die kissenähnliche Mauerabdeckung dann wirklich „zum Leben". Ein gute Entscheidung war es, die Gartenmauer aus dem gleichen Material wie die dahinter verlaufende Klinkerwand zu erstellen. So entsteht ein einheitliches Format, das nur durch die Holzsitzfläche einmal spannungsvoll aufgelöst wird.

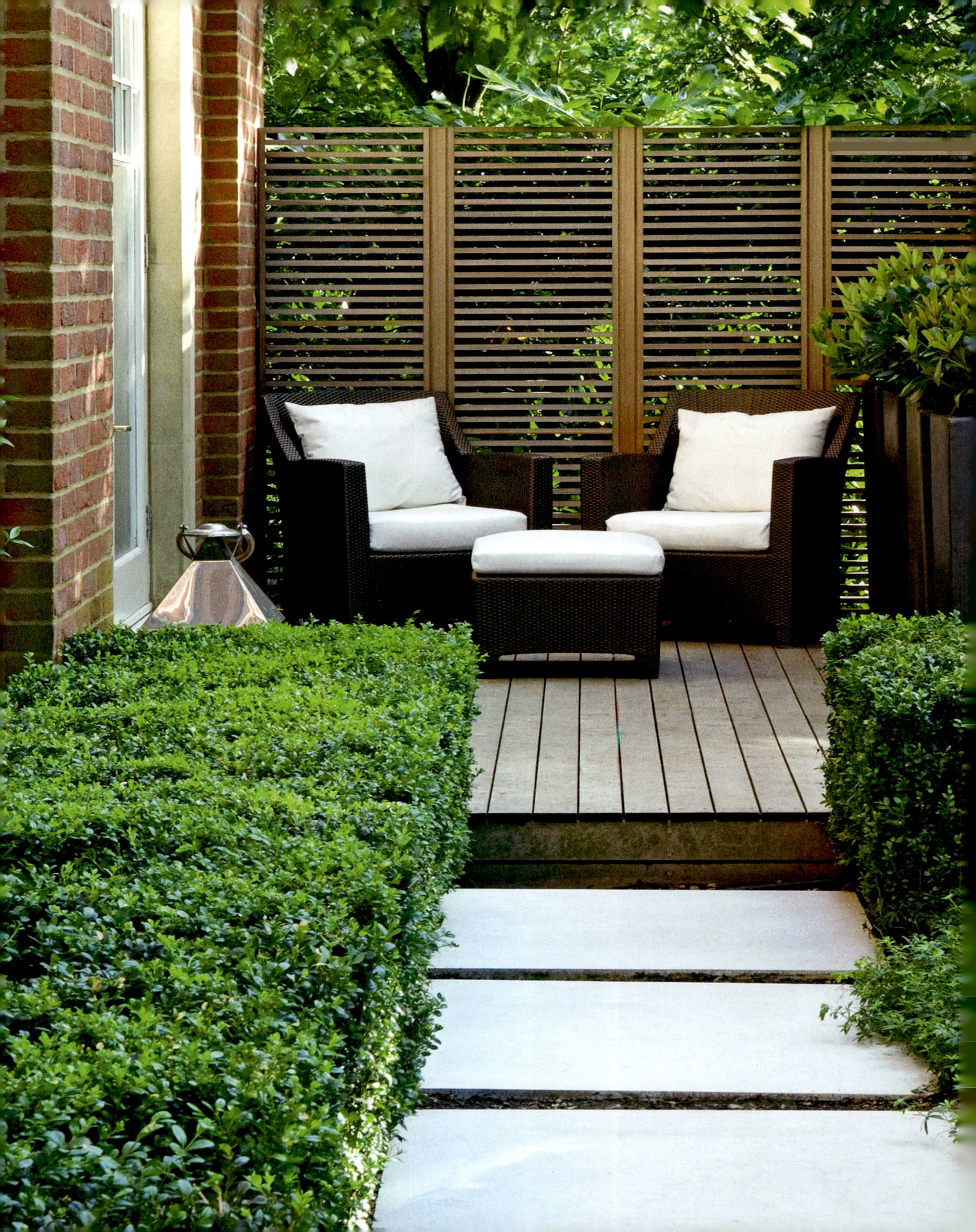

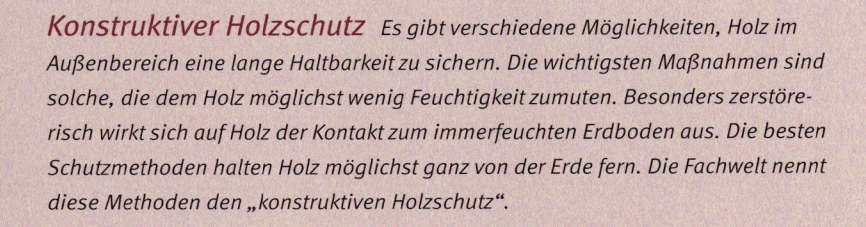

Konstruktiver Holzschutz Es gibt verschiedene Möglichkeiten, Holz im Außenbereich eine lange Haltbarkeit zu sichern. Die wichtigsten Maßnahmen sind solche, die dem Holz möglichst wenig Feuchtigkeit zumuten. Besonders zerstörerisch wirkt sich auf Holz der Kontakt zum immerfeuchten Erdboden aus. Die besten Schutzmethoden halten Holz möglichst ganz von der Erde fern. Die Fachwelt nennt diese Methoden den „konstruktiven Holzschutz".

Mit Abstand Bei den Holzelementen sollten die Unterkanten dann mit einem Abstand von etwa 10 cm zum Boden verlaufen. Die Holzpfosten, die ja nun einmal die stabile Verbindung zum Boden herstellen müssen, enden ebenfalls etwa 10 cm über dem Boden. Dort werden sie mit einem verzinkten Stahlteil verschraubt, das wiederum in ein Fundament im Boden einbetoniert ist.

Mit Kappe Die oberen Pfostenköpfe werden entweder leicht abgeschrägt oder mit Blechkappen abgedeckt.

Ohne Tropenholz So konstruiert, können Sie Ihren hölzernen Sichtschutz auch aus stabilem heimischen Holz wie Douglasie oder Robinie herstellen und müssen dafür kein wertvolles Tropenholz verbrauchen.

Spanische Gardinen So schön kann Sichtschutz sein. Diese edle Abtrennung wird zu einem schmückenden Hingucker, weil sie gekonnt geplant und gearbeitet wurde. Die feine Querlattung erlaubt ähnlich einer Gardine einerseits noch eine Sichtverbindung in den Garten und bietet dem Sitzplatz doch genügend Privatheit. Da bei diesem Zaun Einbruchsicherheit keine Rolle spielt, konnte das Design ganz auf eine filigrane Optik setzen. Die gleichmäßig aufgeteilten Elemente verleihen der Konstruktion dazu die optische Leichtigkeit eines faltbaren Paravents. Sehr schön harmoniert die Querlattung auch mit den horizontalen Fugen des Klinkermauerwerks. Die Trittplatten zum Sitzplatz wurden in relativ engen Abständen verlegt. So wirken sie schon fast wie ein schmaler Weg – der ebenfalls von Querfugen durchzogen wird.

Sitzplätze im

Garten

Sitzplätze im Garten   Um den Garten in seiner ganzen Pracht zu erleben, sollten Sie möglichst einen weiteren Aufenthaltsbereich in Ihrem grünen Paradies vorsehen. Durch einen solchen Perspektivenwechsel ändern Sie die Wahrnehmung Ihres Gartens gewaltig, denn neben dem klassischen Terrassenblick ins Grüne würden Sie nicht nur eine andere Gartensituation genießen können, sondern eventuell zusätzlich auch andere Objekte wie Ihr Haus oder ein bestimmtes Landschaftspanorama.

Sitzplätze im Garten unterscheiden sich in einem wichtigen Punkt von den hausnahen Sitzplätzen und Terrassen: Da ihnen die Gebäudewände im Rücken fehlen,

TIPP

Wie deutlich ein Wandelement vom Betrachter wahrgenommen wird, bestimmt auch die eigene Augenhöhe. Mauern und Wände, die nur bis in Schulterhöhe reichen, können bereits eine gewisse Abgrenzung bieten, auch wenn der Betrachter selbst noch den vollständigen Geländeüberblick behält. Sobald die Wandhöhe die eigene Augenhöhe übersteigt, bildet sich ein starker Raumeindruck aus, weil der Betrachter nun nicht mehr über die Wand sehen kann und sich stärker auf seine unmittelbare Umgebung konzentriert. Wandhöhen sollten nicht exakt auf Augenhöhe enden, sondern deutlich etwa 10 cm unter oder über Augenhöhe, damit die jeweils gewünschte Raumwirkung klar wahrgenommen wird.

können Sitzplätze im Garten leichter etwas ungeschützt oder sogar wie auf dem Präsentierteller liegend wirken. Deshalb empfehle ich, bei der Gestaltung des Sitzplatzes immer sehr kritisch zu prüfen, ob der Platz ausreichend in den Garten eingebunden wird. Die ernsthafte Berücksichtigung dieser Frage bewirkt in der Regel eine gute Gestaltungslösung für den betreffenden Gartenbereich und stellt damit sicher, dass dieser Sitzplatz künftig auch gerne aufgesucht wird. Oft genügt bereits ein einzelner Begleiter wie ein Großstrauch, um einen Sitzplatz wie selbstverständlich zum Bestandteil des Gartens werden zu lassen. Für den Sitzplatz auf dem Bild wurde eine kraftvolle, massive Begleitung gewählt. Eine gemauerte Steinwand wandelt die offene Terrasse zur windgeschützten Sonnenecke. Der Mauerteil hinter der Sitzbank dient gleichzeitig als Stützwand gegen das dahinter ansteigende Gelände. Die seitliche Mauer wurde dafür transparenter ausgelegt: Wie hohe Fenster erlauben die Durchbrüche den Blick in den hinteren Gartenbereich und lassen in der Gegenrichtung Sonnenstrahlen durch.

Für die Mauerkrone kamen hier die gleichen Klinkersteine zum Einsatz wie schon für die Pflasterung des Platzes – das schafft Einheit. Zwei verstellbare und blendfrei angebrachte Lampen ermöglichen die Nutzung dieses Sitzplatzes auch als geschützte Leseecke an lauen Sommerabenden.

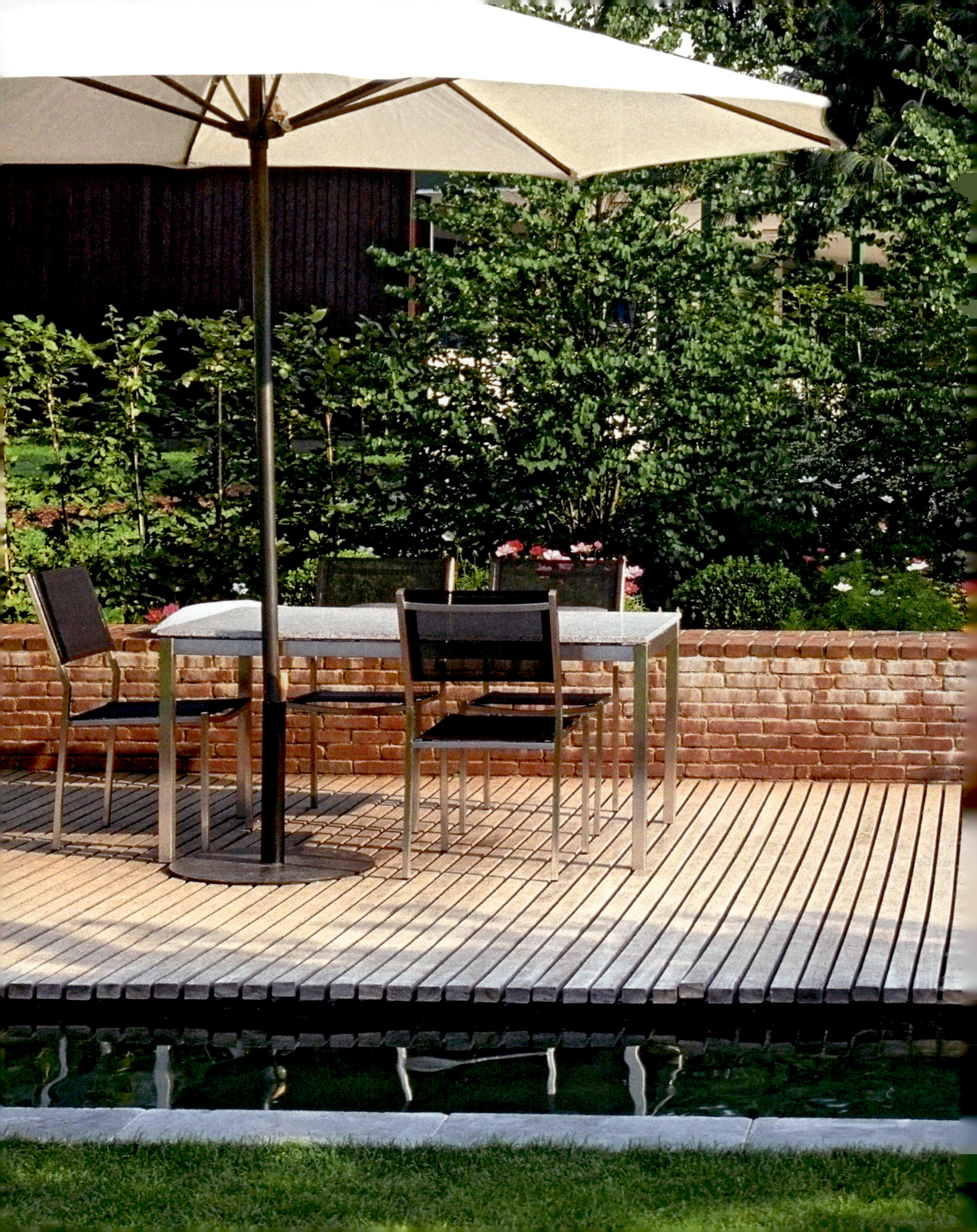

Insellage

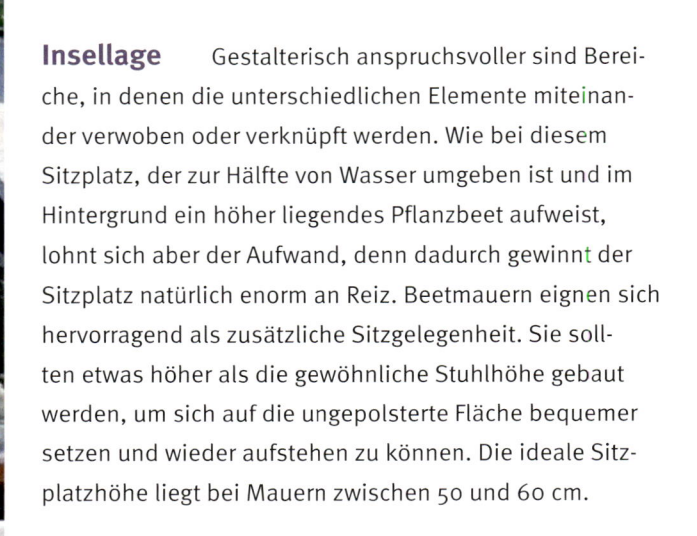

Insellage Gestalterisch anspruchsvoller sind Bereiche, in denen die unterschiedlichen Elemente miteinander verwoben oder verknüpft werden. Wie bei diesem Sitzplatz, der zur Hälfte von Wasser umgeben ist und im Hintergrund ein höher liegendes Pflanzbeet aufweist, lohnt sich aber der Aufwand, denn dadurch gewinnt der Sitzplatz natürlich enorm an Reiz. Beetmauern eignen sich hervorragend als zusätzliche Sitzgelegenheit. Sie sollten etwas höher als die gewöhnliche Stuhlhöhe gebaut werden, um sich auf die ungepolsterte Fläche bequemer setzen und wieder aufstehen zu können. Die ideale Sitzplatzhöhe liegt bei Mauern zwischen 50 und 60 cm.

SITZPLÄTZE IM GARTEN

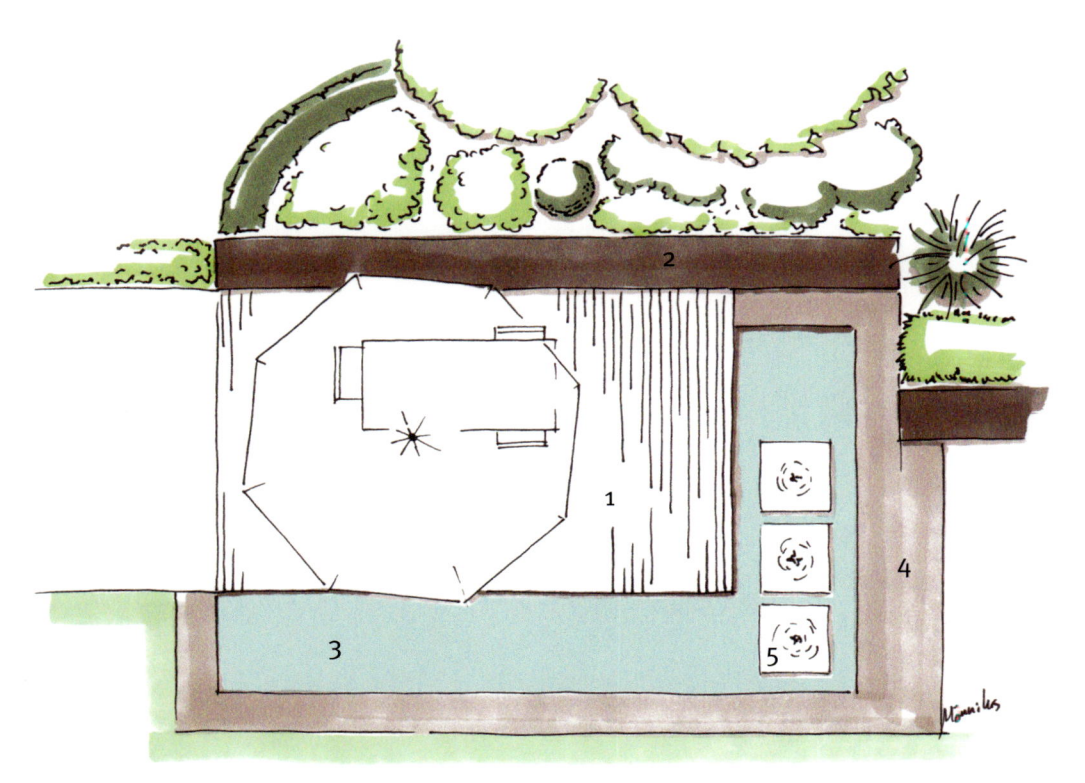

1 Holzdeck
2 Sitzmauer
3 Wasserbecken
4 Trittsteine
5 Sprudelelement

Mit Wasser zu neuen Ufern
Wasserbecken sind eine faszinierende Bereicherung für jede Gartengestaltung. Wasser wirkt entspannend und bietet an heißen Tagen ein kühleres Mikroklima am Sitzplatz. Wer sich dann gerne auch einmal im Wasser erfrischen möchte, benötigt dafür keinen großen Swimmingpool; schon ein kleineres Zierbecken würde genügen, das so gestaltet werden kann, dass es wie ein kleiner Swimmingpool oder ein Abkühlbecken benutzbar ist. Tatsächlich steht bei vielen Menschen auch bei größeren Schwimmbecken nach einigen Jahren eher die Abkühlung im Vordergrund als die körperliche Ertüchtigung oder gar ernsthafter Sport.

Unvermeidbar ist allerdings selbst bei kleinen Becken eine leistungsfähige Filtertechnik, wenn die Becken zum Baden benutzt werden sollen. Das gilt insbesondere, wenn Sie glasklares Wasser wünschen und die Verlegung einer hellen Beckenfolie beabsichtigen. Für die Filtrierung des Wassers eignen sich sogenannte Kartuschenfilter, die Sie zum Reinigen herausnehmen und von Hand durchspülen

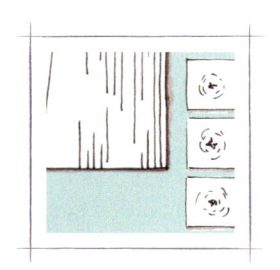

Beckenfolie Für die Farbwirkung des Wassers ist in erster Linie die Farbe des Untergrundes maßgeblich. Schwarze Beckenfolien vermitteln den Eindruck von tiefem, dunklem Wasser. Eine sehr schöne Optik erzielen Sie mit hellen Folien wie sandbeige oder granitgrau. Hier wirkt das Wasser türkis oder leicht grünlich-kühlblau.

können. Mehr Komfort bieten Sandfilter, deren Filtermaterial durch einen Rückspülvorgang gereinigt wird. Zur dann auch erforderlichen Desinfizierung des Wassers können Sie unter anderem Chlor und Sauerstoff verwenden. Die Gestaltung von Sitzplätzen mit einem Holzbelag kann am Wasser einen Vorteil bedeuten, da unter dem Holzdeck die Platzierung des Schachtes für die Filtertechnik problemlos möglich ist. Mittels einer im Holzdeck eingearbeiteten Luke ist die Technik im Bedarfsfall leicht zugänglich. In Wassernähe ist es bei einem Holzdeck von besonderer Bedeutung, eine schnelle Ablüftung des Holzes sicherzustellen. Dies wird durch einen ausreichenden Abstand zwischen Untergrund und Holzbelag gefördert.

Ausblühungen Ziegelmauern nehmen aufgrund ihrer Struktur relativ viel Feuchtigkeit auf, was sich noch verstärkt, wenn sie eine Ziegelschicht als Abschluss aufweisen anstelle einer wasserundurchlässigen Abdeckplatte. So werden Kalkausblühungen begünstigt, die dem Fugenmörtel entstammen. Verwenden Sie bei Naturstein und Ziegelmauern am besten Trasszement als Fugenmörtel, da die Trassanteile durch ihre Gelbildung die Poren verstopfen. Zudem wirkt Trass Kalkausblühungen entgegen, weil er einen Teil des Kalkes bindet.

Heckenbreiten Heckenpflanzen benötigen unterschiedlich viel Platz, um ein dichtes Grün zu entwickeln. Die Zweige des Kirschlorbeers wachsen nach einem Schnitt weiter heraus, bis sie wieder ein neues Blatt ausbilden. Eine Eibe dagegen begrünt sich praktisch schon an der Schnittstelle wieder und kann daher wesentlich schmaler gehalten werden. Je nach Höhe der Hecke sollte bei Kirschlorbeer eine Heckenbreite von 0,80 m bis 1,20 m eingeplant werden. Eiben begnügen sich hingegen mit einer Breite von 0,40 m bis 0,80 m.

Lebendige Wände Dieser Sitzplatz bietet beides, geschützten Aufenthalt und guten Überblick. Das kreisförmige Podest erhöht den Platz durch zwei lang gestreckte Stufen soweit über die Pflanzung, dass der Garten auch in Sitzhöhe noch gut überschaut werden kann. Gleichzeitig umfasst eine vitale Buchenhecke sanft den hinteren Platzbereich. Auf dem Grundriss erkennen Sie, wie die einzelnen kreisförmigen Elemente zu einem starken Gesamtbild zusammenwachsen. Hinter dem Sitzplatz verläuft eine weitere Hecke, sodass dort zwischen den Heckenwänden ein spannungsvoller Durchgang entsteht. Wenn Sie eine Hecke als Einfassung planen, sollten Sie nicht zu sehr an deren Breite sparen. Auch wenn Ihnen der Heckenstreifen zunächst vielleicht als verlorene Fläche erscheint, so ist doch eine gewisse Mindestbreite für die Blickdichte und den vitalen Eindruck des grünen Rahmens die Grundvoraussetzung.

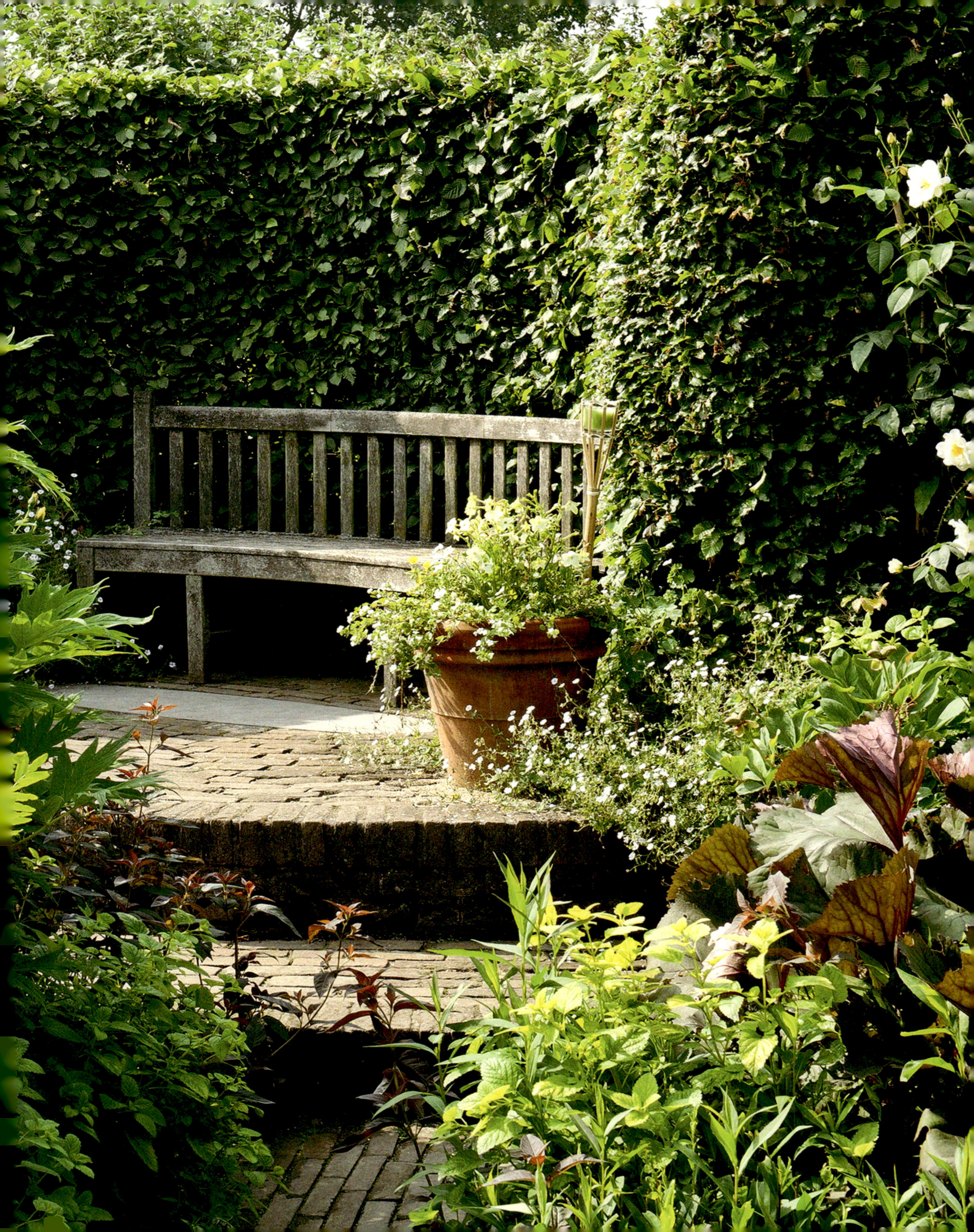

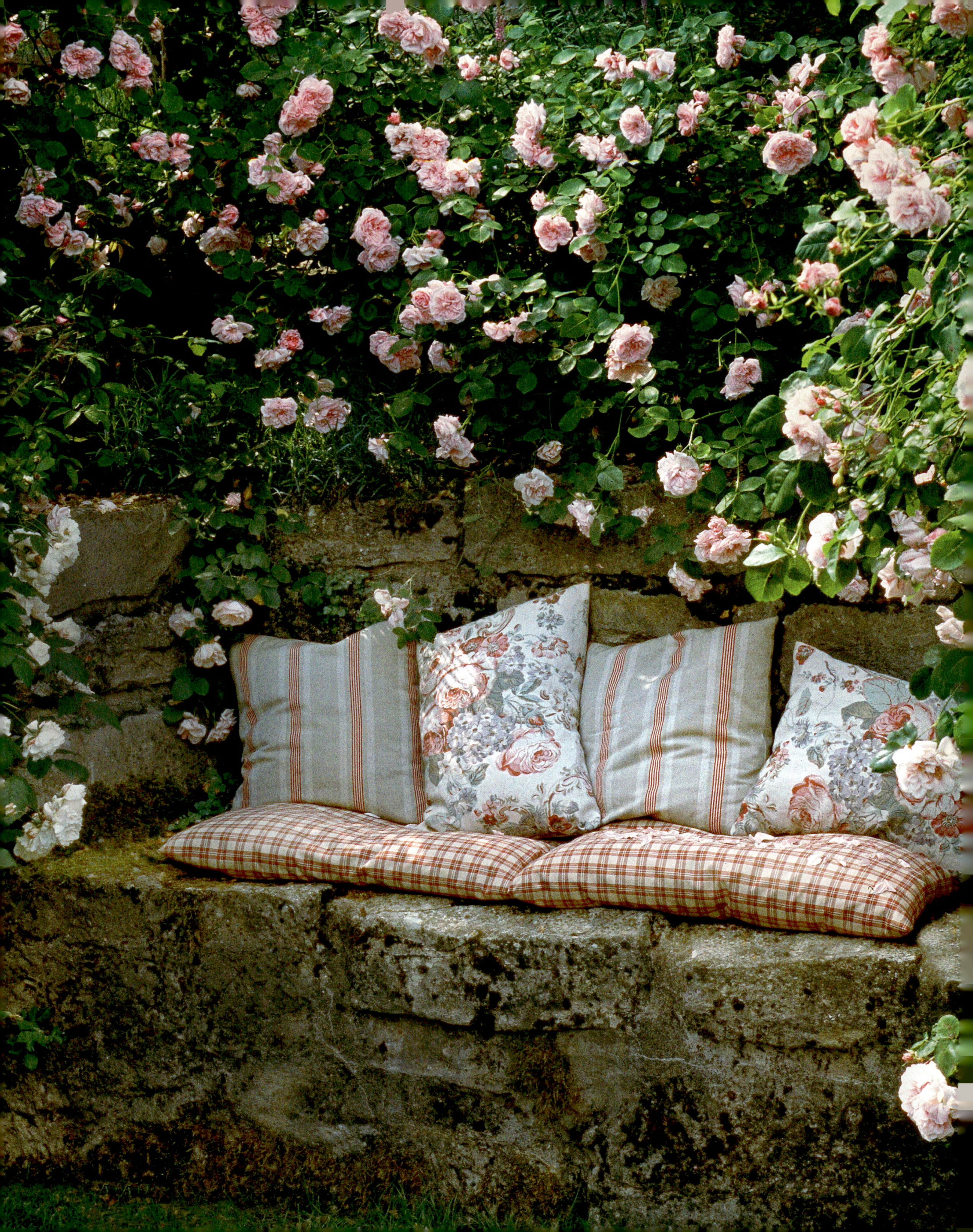

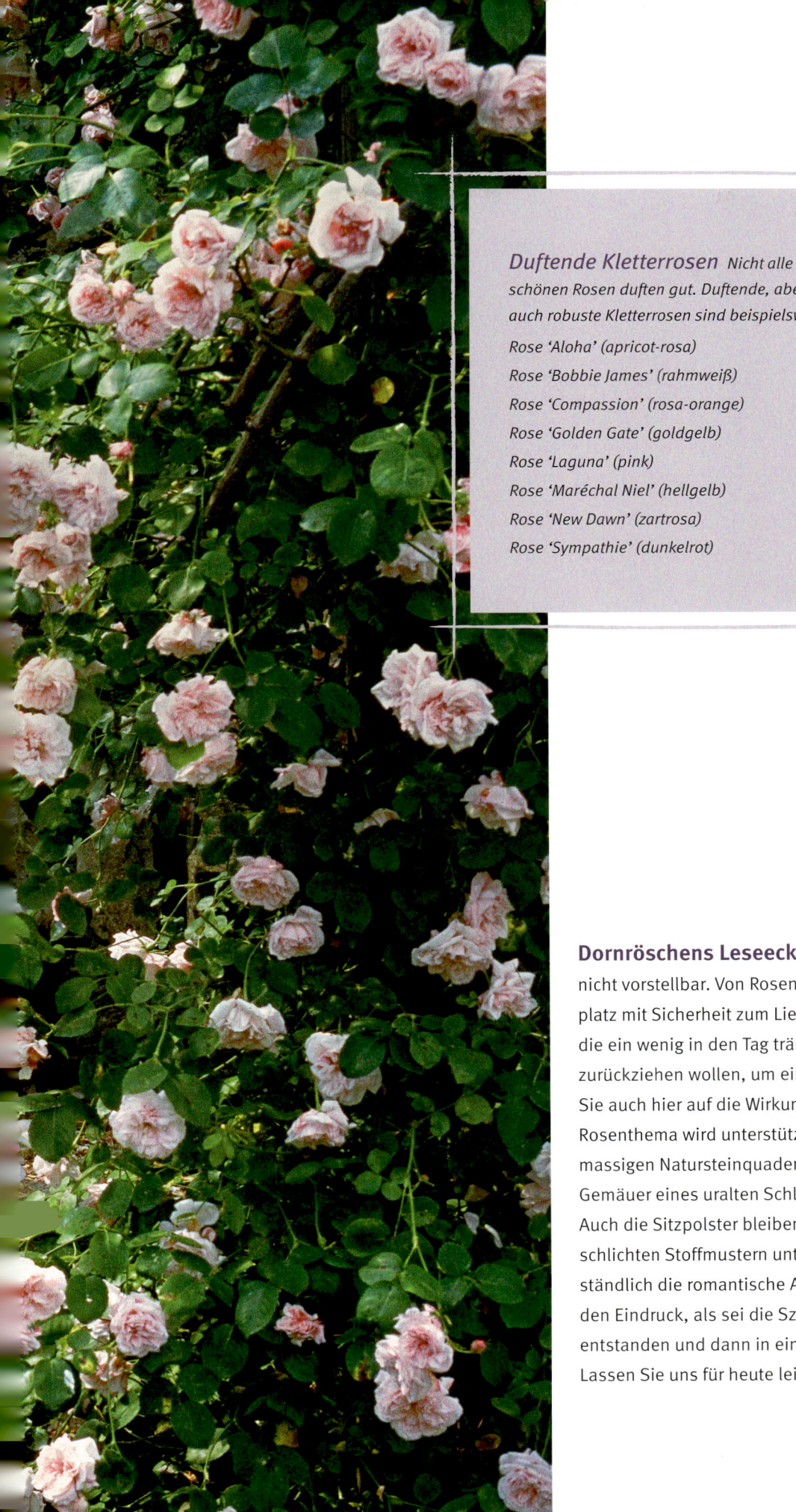

Duftende Kletterrosen Nicht alle schönen Rosen duften gut. Duftende, aber auch robuste Kletterrosen sind beispielsweise:

Rose 'Aloha' (apricot-rosa)
Rose 'Bobbie James' (rahmweiß)
Rose 'Compassion' (rosa-orange)
Rose 'Golden Gate' (goldgelb)
Rose 'Laguna' (pink)
Rose 'Maréchal Niel' (hellgelb)
Rose 'New Dawn' (zartrosa)
Rose 'Sympathie' (dunkelrot)

Dornröschens Leseecke Mehr Blüte ist eigentlich nicht vorstellbar. Von Rosen so eingefasst wird der Sitzplatz mit Sicherheit zum Lieblingsplatz für all diejenigen, die ein wenig in den Tag träumen möchten oder sich still zurückziehen wollen, um ein gutes Buch zu lesen. Achten Sie auch hier auf die Wirkung der Details. Das romantische Rosenthema wird unterstützt von der robusten Bank aus massigen Natursteinquadern, die ganz offensichtlich dem Gemäuer eines uralten Schlosses entnommen wurden. Auch die Sitzpolster bleiben im Bild. Mit ihren ländlich-schlichten Stoffmustern unterstützen sie ganz selbstverständlich die romantische Atmosphäre und unterstreichen den Eindruck, als sei die Szene vor hundert Jahren so entstanden und dann in einen tiefen Schlaf versunken. Lassen Sie uns für heute leise weitergehen ...

Rastplatz Wenn es in Ihrem Garten auch einen Weg gibt, so wäre es ideal, einen Sitzplatz an seiner Seite zu platzieren. Schon das reine Vorhandensein einer Sitzgelegenheit wandelt den einfachen Gartenweg zu einem gemütlichen Wandelpfad, der zum Verweilen einlädt. Sitzplätze am Wegesrand dürfen ruhig gut sichtbar bleiben, damit sie als lohnendes Ziel wahrgenommen werden. Wählen Sie witterungsbeständige Möbel, die sich ganzjährig als Blickfang eignen.

TIPP

Gartenwege sollten sich bei der Gartengestaltung nicht zu sehr in den Vordergrund drängen, denn sie werden gerade in kleineren Gärten eigentlich nur selten benutzt. Eine Wegebreite von 60 cm dürfte für die meisten Situationen ausreichen. Wird auf einem Weg öfter sperriges Material transportiert, ist eine Wegebreite von 80 cm zu empfehlen.

SITZPLÄTZE IM GARTEN

TIPP

Die Platzierung der Filtertechnik sollten Sie bei der Teichplanung bereits früh berücksichtigen. Da für die Teichpflege zusätzlich noch verschiedene Gerätschaften zum Einsatz kommen, ist ein kleines Badehaus in Teichnähe ideal. Abhängig von der Teichgröße ist für die Pumpe mit Filteranlage ein Aufstellbereich von etwa 0,80 qm bis 2,00 qm einzuplanen.

Teichkajüte   Ein Teich, ein Gartenhaus – was liegt näher, als gestalterisch daraus ein abgerundetes Thema zu machen. So erhält der Teich ein liebevoll gezimmertes Bootshaus mit Veranda. Von hier lässt sich die Wasserszenerie genussvoll betrachten, bis es dunkel geworden ist. Die beiden Geländer sorgen bei den beengten Verhältnissen für die erforderliche Absturzsicherheit. Verwenden Sie für eine mögliche Teichbeleuchtung Unterwasserscheinwerfer, wenn Sie Licht in das Wasser hineinbringen möchten. Oberhalb der Wasserfläche gesetzte Lichter werden auf dem Wasserspiegel reflektiert.

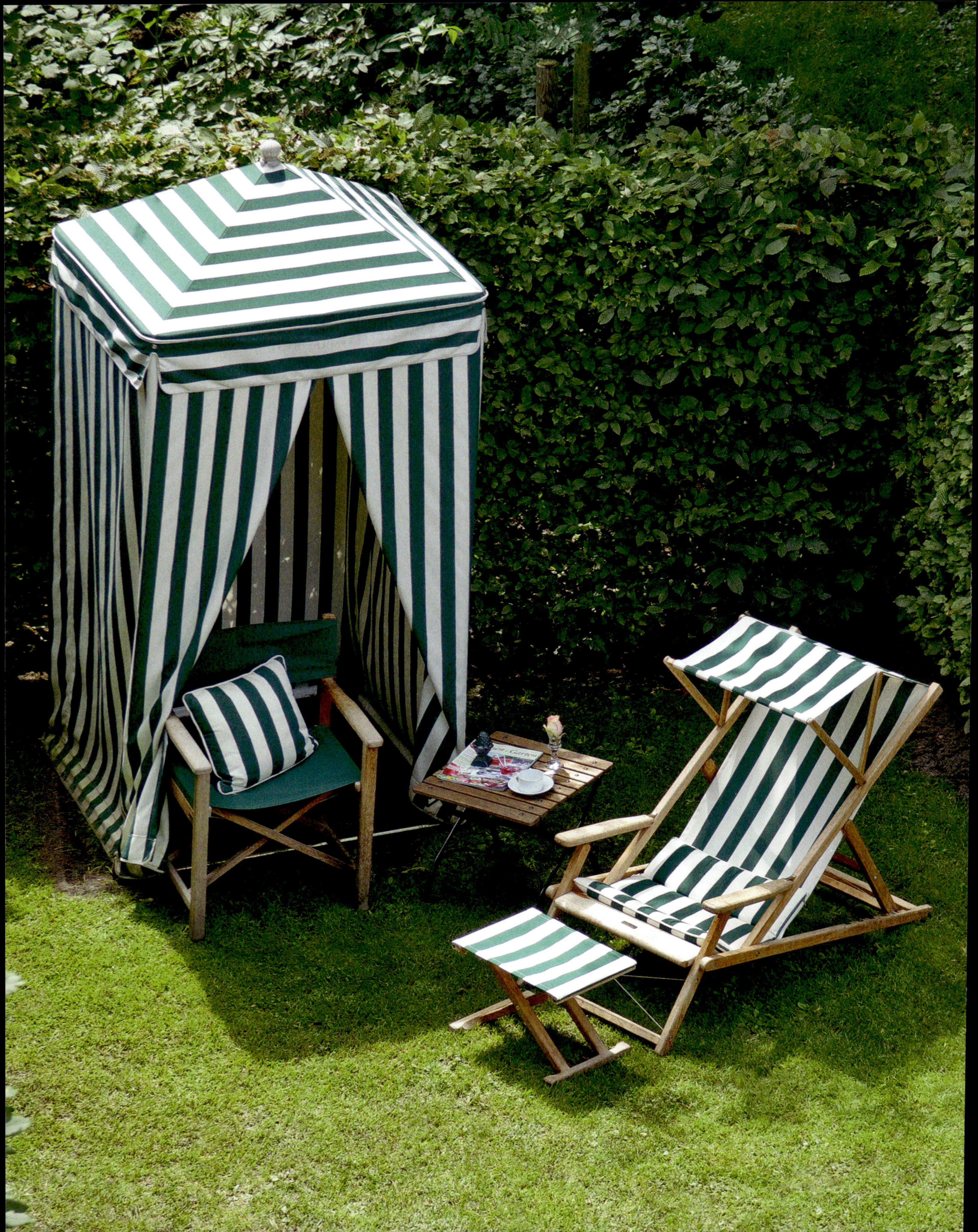

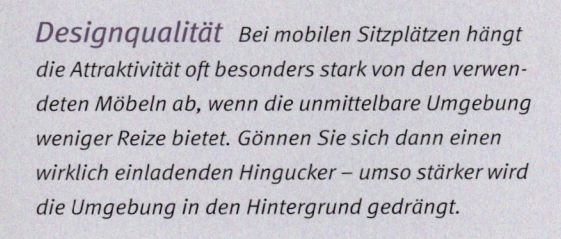

Designqualität *Bei mobilen Sitzplätzen hängt die Attraktivität oft besonders stark von den verwendeten Möbeln ab, wenn die unmittelbare Umgebung weniger Reize bietet. Gönnen Sie sich dann einen wirklich einladenden Hingucker – umso stärker wird die Umgebung in den Hintergrund gedrängt.*

Garten-Nomaden Daran lässt sich nicht rütteln: Kleine Gärten haben wenig Platz. Wenn Sie dann noch den idealen Sitzplatz darin unterbringen wollen, kann es schnell der guten Gestaltung zu viel werden. Investieren Sie doch in eine mobile Lösung! Zwei geschmackvolle Sitzgelegenheiten und ein Beistelltisch vor dem schattigen Pavillonzelt – fertig ist ein hübscher Sonnenplatz. Und wenn die Sonne weiterwandert, ziehen Sie einfach mit.

Attraktiv blühende Wasserrandpflanzen Unter den Wasserpflanzen, die zur biologischen Stabilität eines Teiches unabdingbar sind, weisen die folgenden gut sichtbare Blüten auf:

Blumenbinse (Butomus umbellatus, Juni–August, rosa)
Schwertlilie (Iris diverse, z. B. Iris pseudoacorus, Juni–Juli, gelb)
Lobelie (Lobelia cardinalis, Juli–September, rot)
Scheinkalla (Lysichiton americanus, April–Mai, gelb)
Hechtkraut (Pontederia cordata, Juni–September, blauviolett)
Pfeilkraut (Sagittaria sagittifolia, Juni–August, weiß)

Dschungelordnung Die klar verlaufende, rechtwinkelige Geometrie von Teichbecken und Sitzplatz setzt sich bis in die Form der Pflanzbeete fort. Dort jedoch übernehmen üppig wuchernde Gräser wie das Chinaschilf das Kommando und bringen eine reizvolle Spannung in das Geschehen.

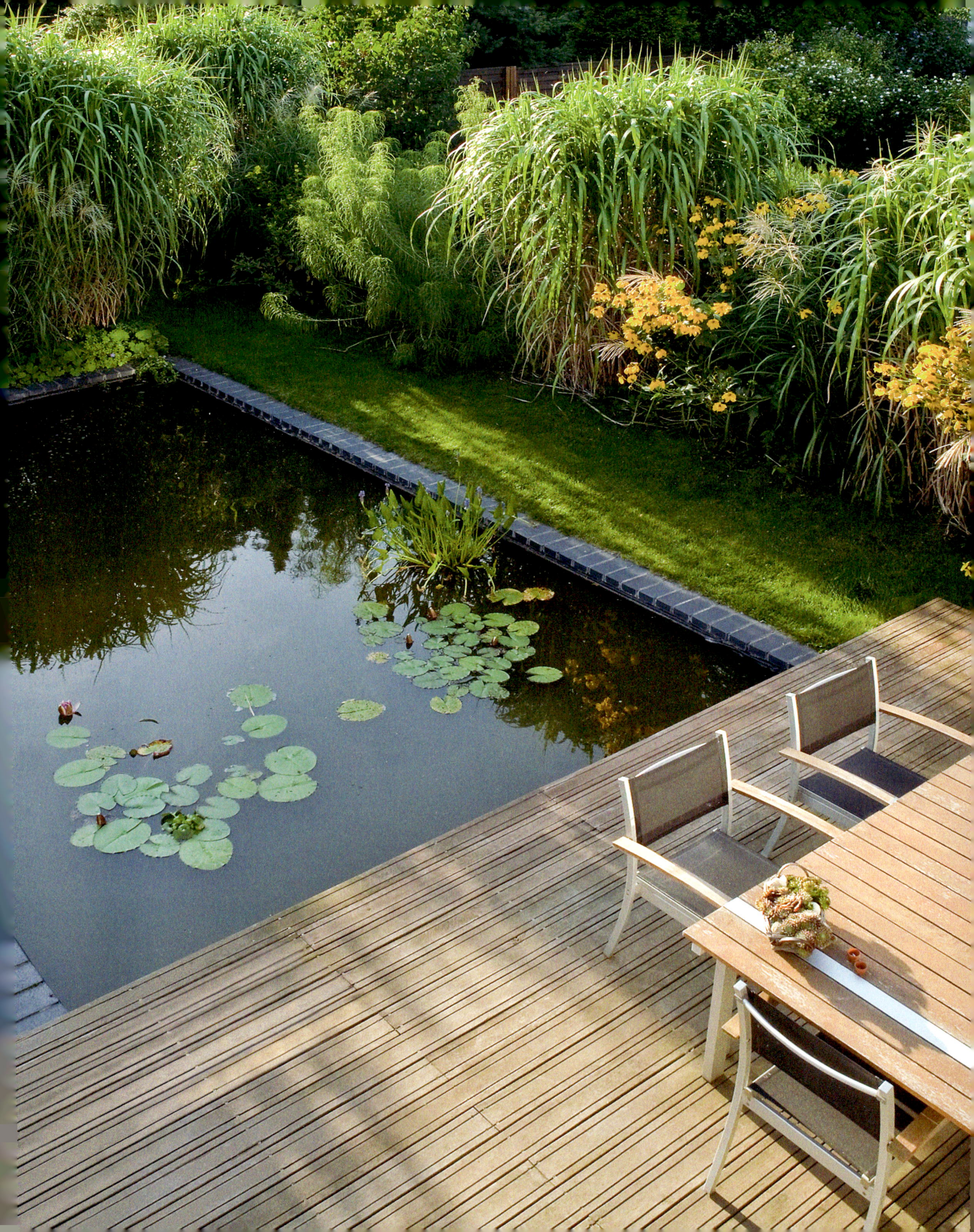

Im Zentrum des Grünen Der hier abgebildete Sitzplatz wurde weit in den Gartenraum hinaus verlegt und wirkt, als würde er das Zentrum der Gartenanlage bilden. Das geschwungen verlaufende Teichufer umfasst den gerundeten Sitzplatz, wodurch sich die beiden geschickt zu einer Einheit verbinden lassen. Ein weiteres verbindendes Element sind die niedrigen Formhecken aus Buchsbaum. Sie fassen die Pflanzbereiche am Sitzplatz ein, finden aber auch im übrigen Garten als Beeteinfassung Verwendung. Zudem schlagen sie eine Brücke zu den in freier geometrischer Form geschnittenen Buchsbaumgruppen in den Beeten.

Im Zentrum des Grünen

Mücken am Teich *Mücken können, müssen aber nicht zwangsläufig Ihren Teich besiedeln; das hängt immer von verschiedenen Faktoren in der unmittelbaren Umgebung ab. Wenn Mücken lästig werden, sind bereits die Larven zu bekämpfen, sonst ist es zu spät. Fördern Sie die vielen Fraßfeinde der Larven: zum Beispiel Insekten wie Libellen, Frösche und auch der Teichfisch Moderlieschen. Je gesünder die Teichbiologie ist, desto größer ist die Chance auf Erfolg. Versuchen Sie zudem, mechanisch die Ablageplätze der Larven zu stören, indem Sie dort das Wasser durch kleine Sprudler in Bewegung halten.*

SITZPLÄTZE IM GARTEN

Pfostenfundamente *Bei Teichen sollten Stützpfeiler ein tragfähiges Betonfundament unter der Teichfolie erhalten. Die Pfosten werden dann auf die Teichfolie gestellt. Dabei ist ein Pfosten so zu stabilisieren, dass er nicht mehr wegrutschen kann, aber auch nicht die Teichfolie verletzt.*

Außenposten Bei diesem Beispiel wurde aus der Not eine Tugend gemacht. Der mächtige Uferbaum konnte entweder umgangen oder mit etwas höherem Bauaufwand in den Sitzplatz integriert werden. Die einmalige Gestaltungschance wurde ergriffen und so entstand ein ganz besonderer Sitzplatz. Wie eine Aussichtsplattform setzt sich der Balkon vom Festland ab und ragt deutlich über die Wasserfläche hinaus. Dadurch bietet er ein einmaliges Naturerlebnis.

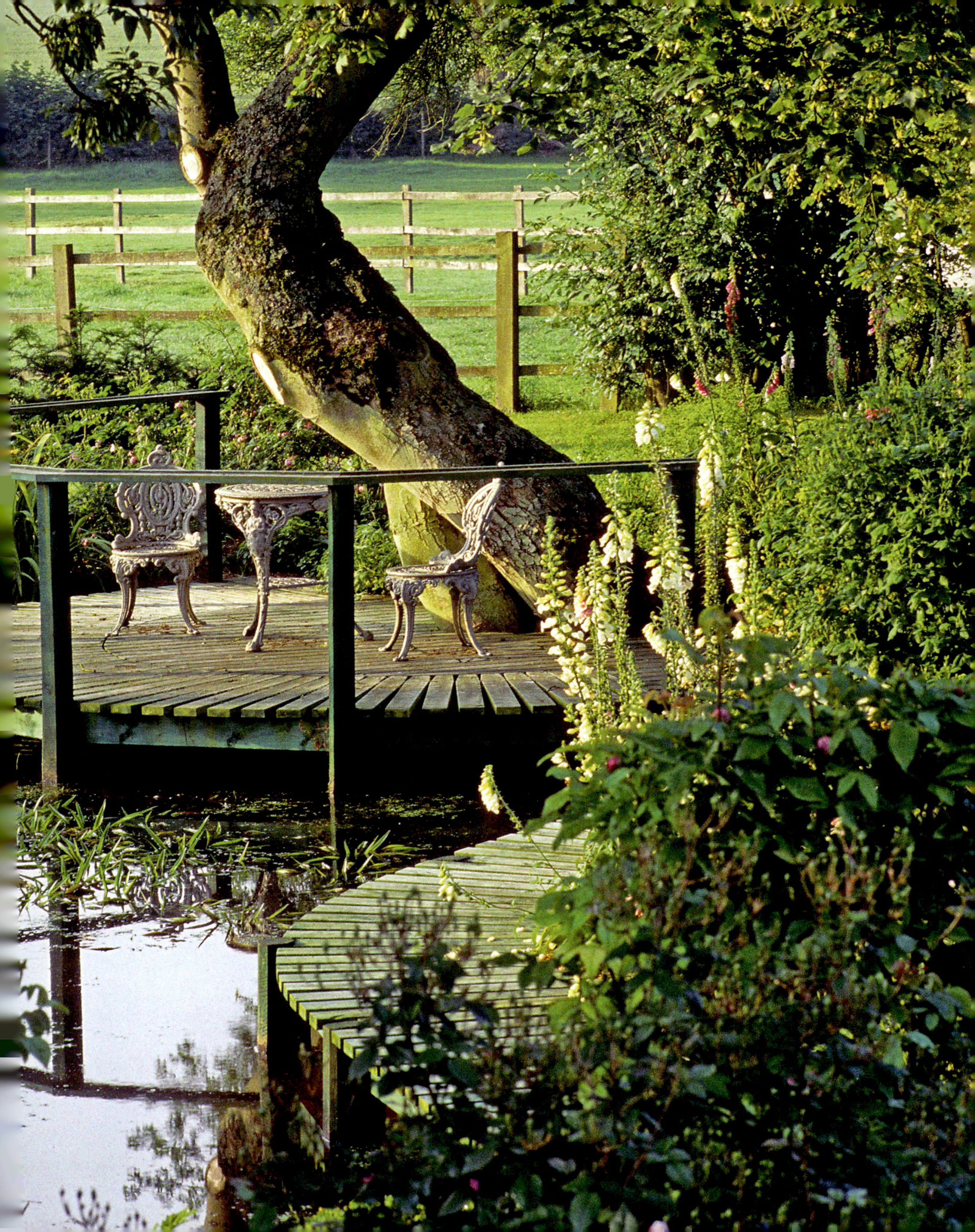

Tiefergelegt   Dieses Bild veranschaulicht Ihnen, wie wirkungsvoll Höhenunterschiede im freien Gelände genutzt werden können. Nur etwa 30 cm liegt die Holzterrasse tiefer am Wasser als das umliegende Gartengelände. Doch die Differenz genügt bereits, um den Sitzplatz am Wasser etwas versteckter wirken zu lassen. Schon ist ein neuer, abgelegener Gartenraum entstanden. Die rustikalen Bankelemente fördern die Atmosphäre eines urigen Teichplätzchens. Bei diesem Beispiel wurde die Gartengestaltung stark auf die Wahrnehmung vom Sitzplatz her ausgerichtet.

Tiefergelegt

Holzwahl bei Sitzbänken Eine einfache Art, dem Sitzplatz eine individuelle Note zu verleihen, bietet der Eigenbau von einfachen Sitzelementen wie robusten Bänken. Seien Sie aber bei der Holzauswahl kritisch und achten Sie darauf, dass die Sitzauflagen splitterfrei sind. Nicht immer ist Tropenholz die beste Wahl bei Sitzgelegenheiten. Einige Sorten, wie das zur Zeit günstig angebotene Bangkirai, bilden an der Holzoberfläche oft feine, nadelige Fasern aus, die leicht in die Haut eindringen können. Hier ist die heimische Robinie deutlich hautfreundlicher.

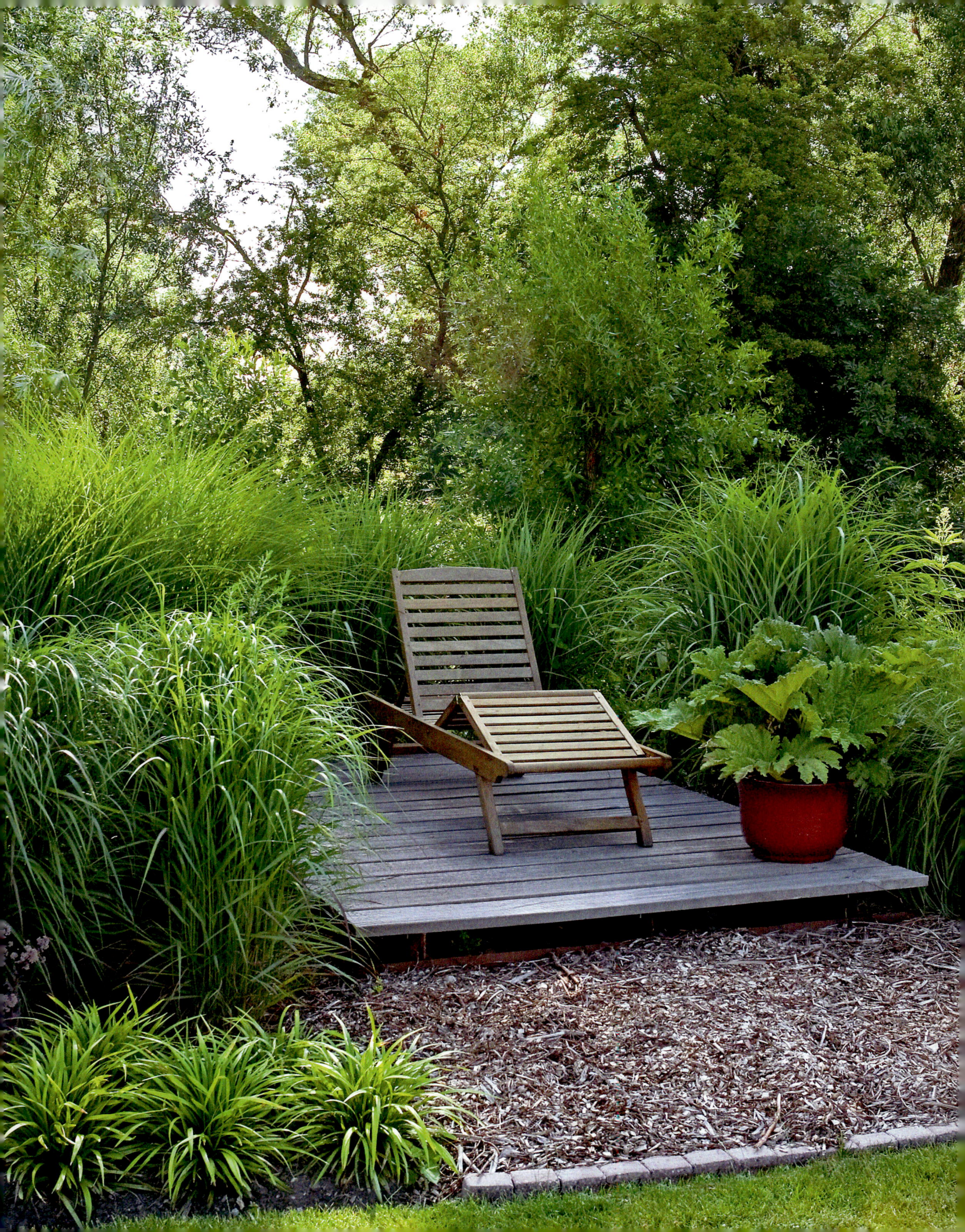

Strandblick   Ein Sitzplatz lässt sich auch in einem Pflanzbeet unterbringen. Bei diesem Beispiel wurde für den Sitzplatz ein einfaches Holzdeck gezimmert, das von üppigen Ziergräsern umspielt wird. Der Platz bleibt nach vorne hin geöffnet. Die vordere Beetfläche ist mit einfachem Holzhäcksel bedeckt worden, was ein wenig an ein Seeufer erinnert. Dadurch ist dort die Zugänglichkeit gegeben und ein freier Blick auf den Garten. Gleichzeitig lassen die gewählten Materialien ein in sich geschlossenes Bild entstehen, das wie eine Uferrandszenerie wirkt.

Ziergräser am Sitzplatz Kompakte Gräser für Sitzplatzrahmungen:
Garten-Reitgras, Höhe 1,50 m (Calamagrostis acutiflora 'Karl Förster')
Pampasgras, Höhe 2,00 m (Cortaderia selloana 'Rosea')
Chinaschilf, Höhe 1,30 m (Miscanthus sinensis 'Graziella')
Chinaschilf, Höhe 2,00 m (Miscanthus sinensis 'Silberfeder')
Chinaschilf, Höhe 3,00 m (Miscanthus giganteus 'Aksel Olsen')

Ranksäulen   Es muss nicht immer ein Drahtgeflecht sein. Auch ein Rankelement kann zu einem eindrücklichen Gestaltungselement werden und muss sich überhaupt nicht dezent im Hintergrund halten. Je nach Situation in Ihrem Garten kann ein stabiles Rankelement wie in diesem Bild aus gezimmerten Holzbalken bestehen, aus gemauertem Ziegel oder auch aus sachlich kühlen Stahlpfosten. Hier lohnt sich die Suche nach einem wirklich schönen Bauteil. Schauen Sie dafür auch bei einem Händler für historische Baustoffe vorbei. Ein charaktervolles Unikat würde auch mit einer modernen Gartengestaltung harmonieren.

Ganz in Weiß Neben seiner eigentlichen Funktion kann ein Sitzplatz immer auch einen dekorativen Zweck erfüllen. Die hier abgebildete weiß gestrichene Bank dient selbstverständlich zum Sitzen, aber im Zusammenspiel mit dem weißblühenden Chinesischen Blauregen ergibt sich eine besonders schön anzusehende Gartenszene. Zum perfekten Arrangement gehören hier auch wieder die der Bank zugeordneten Pflanztöpfe. Achten Sie bei der Suche nach einer geeigneten Sitzplatzstelle auf diese Details, dann gelingt Ihnen auch in Ihrem Garten solch ein attraktiver Blickfang.

Ranker und Schlinger Unter den Kletterpflanzen gibt es eine große Gruppe, die Gerüste oder Seile als Kletterhilfe benötigt und dadurch nicht die Hausfassade schädigt. Es sind die Rank- oder Schlingpflanzen. Doch Vorsicht: Auch Dachrinnen werden von ihnen als Kletterhilfe betrachtet.

Blühende Ranker und Schlinger

Diese sehr schön blühenden Kletterpflanzen empfehle ich Ihnen:

Geißschlinge (Lonicera, viele Sorten, z. B. Lonicera heckrottii, Juni–September, gelb-rot)

Chinesischer Blauregen (Wisteria sinensis, Mai–Juni, blau)

Weißer Chinesischer Blauregen (Wisteria sinensis 'Alba', April–Mai, weiß)

Waldrebe (Clematis, viele Sorten, z. B. Clematis montana 'Tetrarosa', Mai–Juni, rosa)

SITZPLÄTZE IM GARTEN

Bäume mit Hängeformen Mit diesen Bäumen können Sie einen versteckten Sitzplatz gestalten:

Trauer-Birke (Betula pendula 'Youngii', Höhe ca. 6 m)
Schwarzrote Hänge-Buche (Fagus sylvatica 'Purpurea Pendula', Höhe ca. 9 m)
Hänge-Esche (Fraxinus exelsior 'Pendula', Höhe ca. 11 m)
Hängende Frühlingskirsche (Prunus subhirtella 'Pendula', Höhe ca. 4 m)
Spitzblatt-Weide (Salix acutifolia 'Pendulifolia', Höhe ca. 5 m)
Hängender Schnurbaum (Sophora japonica 'Pendula', Höhe ca. 4 m)
Lauben-Ulme (Ulmus 'Camperdownii', Höhe ca. 5 m)

Pflegeleichte Möbel Unter einem dichten Laubdach verdunstet die Nässe nach einem Regen nur langsam. Vermoosung und herabfallende Kleinmaterialien aus dem Baum verunreinigen jede Sitzgelegenheit schnell. Wählen Sie für die Sitzbank hier eine einfach zu pflegende Oberfläche, wie lackiertes Holz, Metall und glatte Kunststoffe in gedeckten Farben, wie Grau oder Dunkelgrün.

Blätterdach Manche Plätze sind so perfekt schön, die muss man nicht – ja darf man nicht – weiter verändern. Wer eine solche prachtvolle Hängebuche in seinem Garten vorfindet, kann die Suche nach einem verschwiegenen Plätzchen für beendet erklären. Entsprechend den Platzverhältnissen wird eine passende Bank gezimmert – dann können die grellen Sonnentage schon kommen.

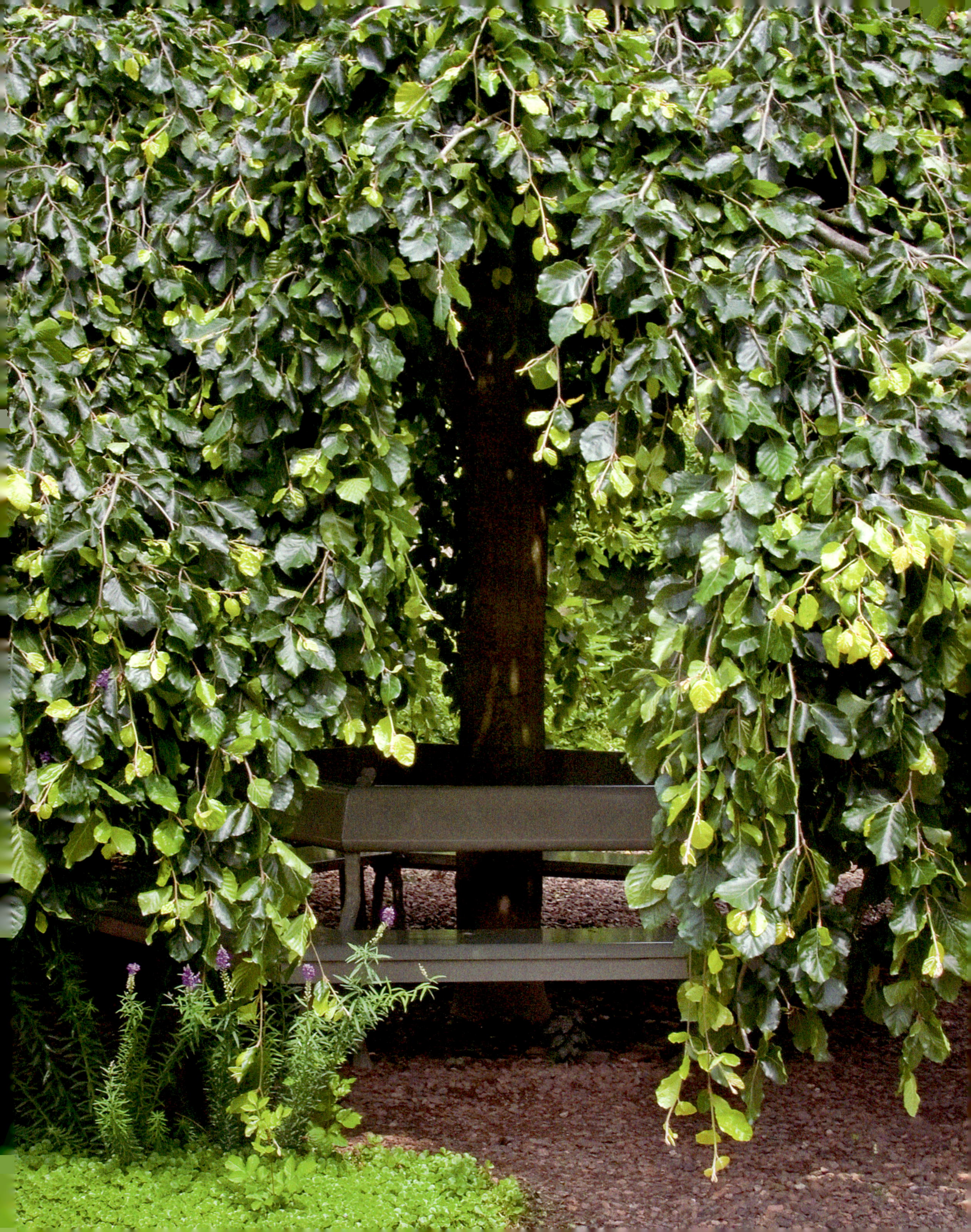

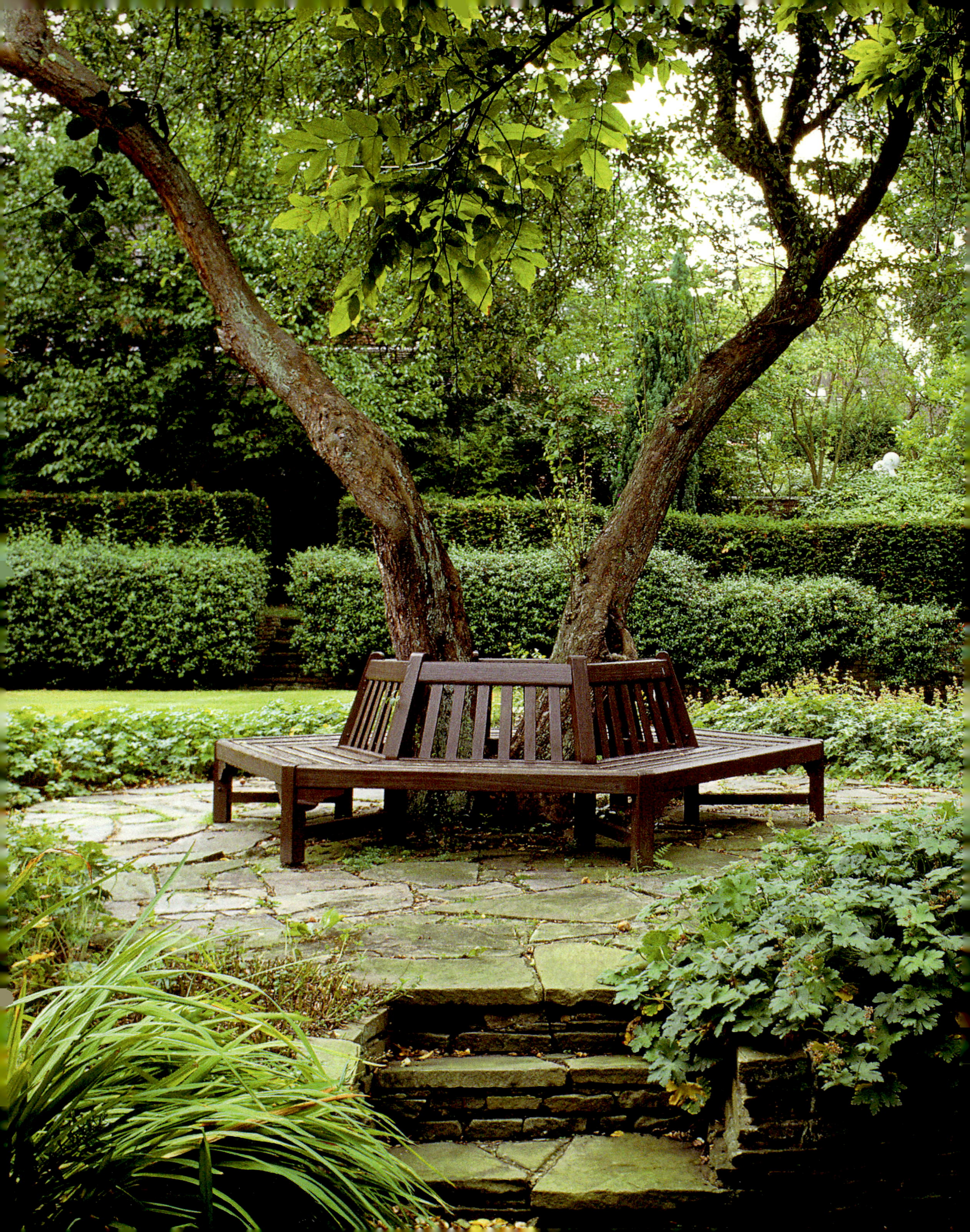

Bizarre Gehölze Besonders attraktiv wirkt ein frei stehender Baum, wenn er eine interessante Stammform oder -farbe aufweist oder als mehrstämmiges Gehölz gepflanzt wird. Dafür eignen sich beispielsweise:

Roter Schlangenhaut-Ahorn (Acer capillipes, Höhe ca. 8 m)
Schnee-Birke (Betula utilis 'Doorenbos', Höhe ca. 17 m)
Flügelnuss (Pterocarya fraxinifolia, Höhe ca. 25 m)
Gold-Gleditschie (Gleditsia triancanthos 'Sunburst', Höhe ca. 10 m)
Tulpen-Magnolie (Magnolia soulangeana, Höhe ca. 5 m)
Blau-Föhre, Kiefer (Pinus sylvestris 'Glauca', Höhe ca. 14 m)

Rundumsicht Ein Klassiker unter den Sitzplätzen ist die Bank unter dem Baum. Wenn sich in Ihrem Garten ein schönes Gehölz dafür eignet, können Sie einen solchen Rundsitzplatz in Betracht ziehen. Allerdings sollte eine Rundbank auch möglichst interessante Blicke in unterschiedliche Richtungen bieten. Weniger sinnvoll ist die Rundbank, wenn der Baum nicht frei genug steht oder der Garten nur eine kleine Fläche aufweist.

SITZPLÄTZE IM GARTEN

Wespengefahr So schön ein naturnaher Wiesengarten auch ist, sollten dennoch gewisse Risiken nicht unterschätzt werden. Äpfel, Birnen und anderes Obst sind eine gerne aufgesuchte Nahrungsquelle für Wespen. In der Nähe eines Sitzplatzes sollte die Wiese daher regelmäßig nach Fallobst abgesucht werden.

Natur-Purismus Wiese, Apfelbaum, Tisch und Stuhl – wenn Sie eine solche Gartenlandschaft Ihr Eigen nennen können, ändern Sie vielleicht am besten gar nichts. Die klassische Obstwiese ist und bleibt sicherlich ein besonderes Stück urigen Naturgenusses. Auch in Verbindung mit einer modernen Gebäudearchitektur können diese Elemente bestehen und einen reizvollen Kontrast bilden.

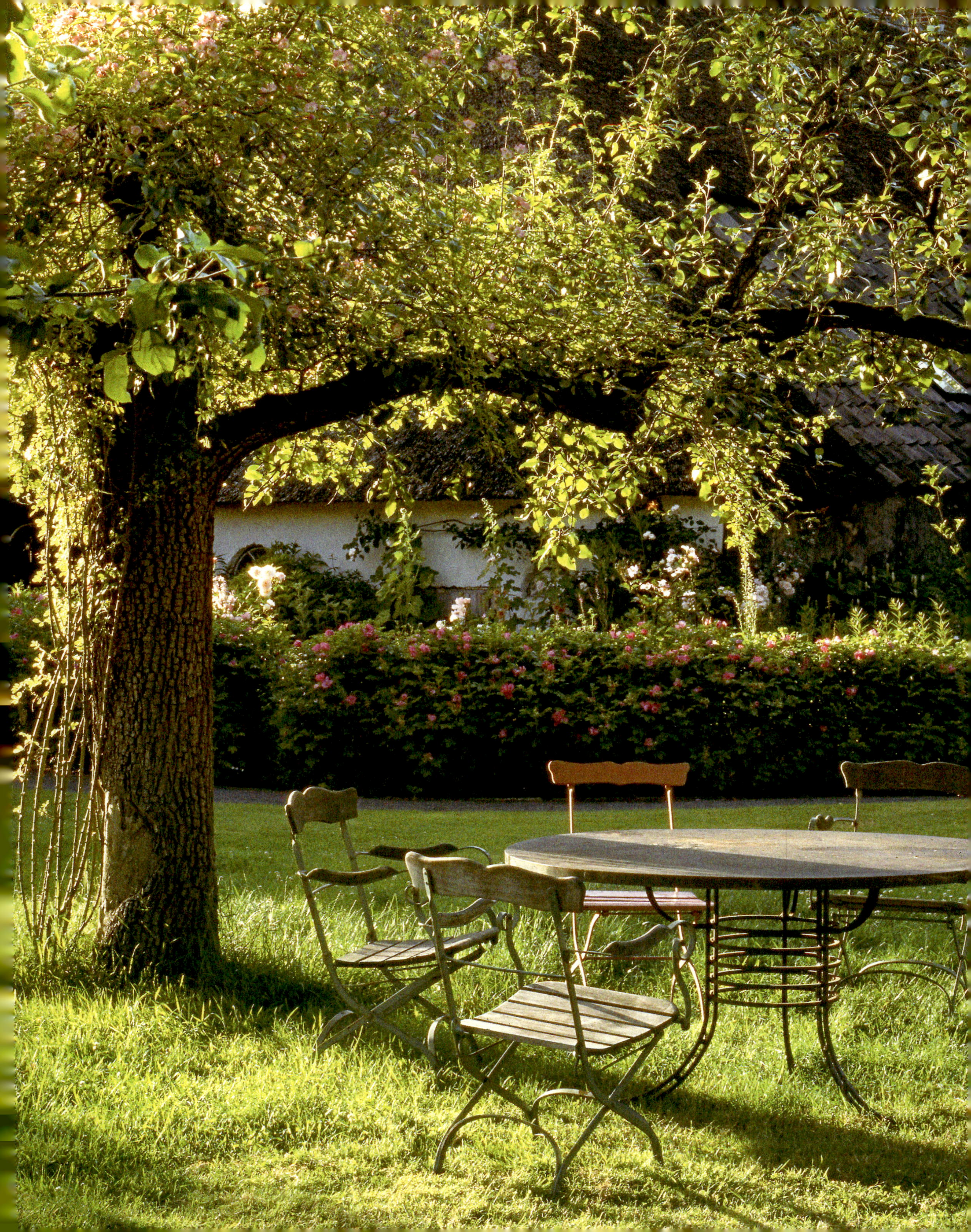

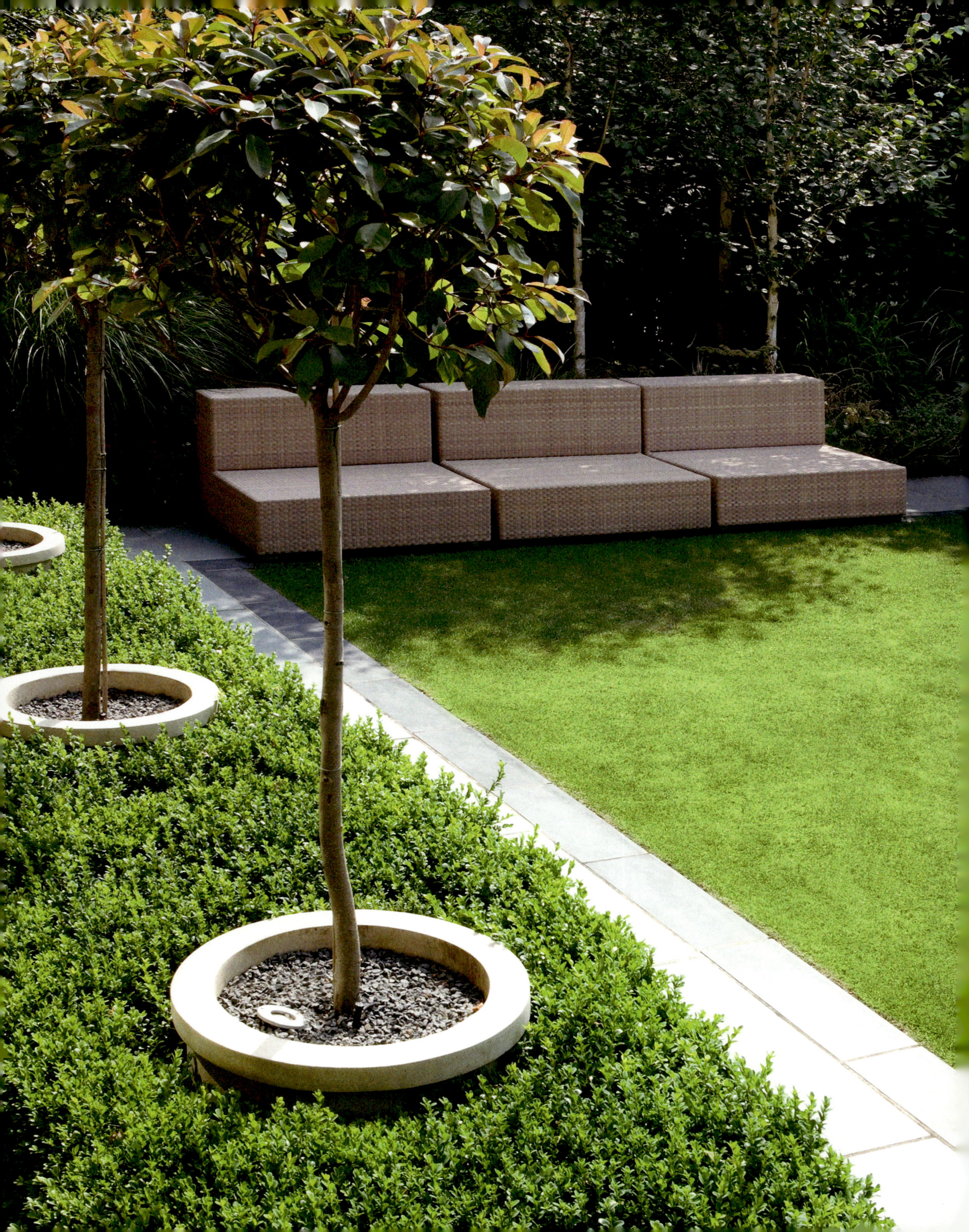

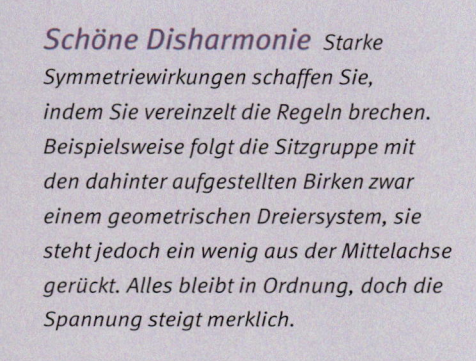

Schöne Disharmonie Starke Symmetriewirkungen schaffen Sie, indem Sie vereinzelt die Regeln brechen. Beispielsweise folgt die Sitzgruppe mit den dahinter aufgestellten Birken zwar einem geometrischen Dreiersystem, sie steht jedoch ein wenig aus der Mittelachse gerückt. Alles bleibt in Ordnung, doch die Spannung steigt merklich.

Salon Vert in 3-D Dieser Garten könnte als Sinnbild für den Begriff „Außenwohnraum" stehen. Seine Wände werden durch rhythmische Baumreihen mit Glanzmispeln und Himalaya-Birken sowie die Mauerkante eines Hochbeets aufgezeigt. Innerhalb dieser Grenzen rahmt ein Steinplattenband die offene Fläche. In der Mitte dann ein lebender Teppich aus fein verwobenen Gräsern, perfekt ebenmäßig ausplaniert. Drei Loungesessel markieren den Schattensitzplatz am Kopfende des Gartens. In Form von kubischen Blöcken begleiten die Buchsbaumhecke, die Sesselgruppe und das Hochbeet die axiale Reihung der Kleinbäume. So unterstützen sie als dreidimensionale Elemente den Raumaufbau des eleganten Gartenzimmers.

Gartengestaltung mit

Sitzplätzen

Gartengestaltung mit Sitzplätzen   Sitzplätze können über ihre Funktion als Aufenthaltsbereich hinaus stark die Gestaltung des Gartens beeinflussen. Beginnend mit einem einzelnen, individuell gestalteten Sitzelement, das im Gartenraum alle Blicke auf sich zieht, kann der Sitzplatz bei sorgfältiger Planung insgesamt zu einem markanten Ort werden.

Ab einem gewissen Punkt bestimmt die Gestaltung des Sitzplatzes zunehmend auch die Größe und Verteilung der angrenzenden Flächen wie Pflanzbeete und Rasen, die allgemeine Wegeführung oder die Größe eines Wasserelements. Am Ende kann die Frage der Sitzplatzgestaltung den gesamten Aufbau eines Gartenraumes festlegen oder dem Garten sogar ein eigenes Gestaltungsthema geben.

TIPP

Planen Sie gezielt einen oder mehrere Blickfänge ein, die in Beziehung zum Sitzplatz stehen. Auch damit binden Sie den Sitzplatz in das Gesamtkonzept ein. Als markanter Blickfang eignen sich beleuchtete Kunstobjekte hervorragend. Heben Sie den Standort einer Plastik durch eine eigens dafür geschaffene Pflasterfläche oder einen schönen Sockel hervor, so steigert sich ihre Wahrnehmung als Blickfang nochmals.

Je konsequenter sich bei der Planung der Sitzbereiche die allgemeine Gartenidee wiederfindet, desto harmonischer wird der Gesamteindruck ausfallen. Achten Sie also bei der Formfindung möglichst auf eine gewisse Einheitlichkeit und vermeiden Sie im Zweifelsfall zu viele unterschiedliche Materialien. Eine besondere Bedeutung kommt bei der Gesamtgestaltung meist dem Abschluss des Gartenraumes zu, denn das menschliche Auge nimmt ihn ja als Hintergrund der gesamten Szenerie wahr. In ihm sollten sich also charakteristische Merkmale des Gartens oder seiner Umgebung, zumindest andeutungsweise, wiederfinden.

Das bewirkt zum Beispiel der Einsatz gleicher Materialien, wie Holz, das in der Gestaltung eines Gartens einmal als Bodenbelag vorkommt und in ähnlichem Design zusätzlich auch als Sichtschutz. Eine reizvolle Lösung kann allerdings auch umgekehrt darin bestehen, den Gartenabschluss gezielt in einen gewissen Kontrast zu den Garteninhalten zu stellen.

So wird ein naturnah gestalteter Garten mit einem Sitzplatz aus historischen Materialien durch die Verwendung von technischen Stahl- oder Glaselementen im Hintergrund sehr spannungsgeladen wirken. Natürlich ist die stilsichere Kombination und Zusammenführung der verschiedenen Aspekte schon eine recht komplexe Aufgabe, die eine gewisse Design-Erfahrung voraussetzt. Doch auch wenn Sie in solchen Gestaltungsdingen noch ungeübt sind oder nun nicht gleich Ihren gesamten Garten noch einmal auf den Kopf stellen wollen, sollten Sie auch schon bei der Gestaltung eines kleineren Teilbereichs Ihren Blick für das Ganze schärfen und beibehalten.

Auf den folgenden Seiten zeige ich Ihnen an verschiedenen Beispielen, wie Sitzplätze die Gestaltung eines Gartens unterschiedlich stark beeinflussen können.

GARTENGESTALTUNG MIT SITZPLÄTZEN

Dschungelfieber In diesem Garten wird der Sitzplatz zum gestalterischen Zentrum der Anlage. Alles scheint auf ihn zuzulaufen. Wie ein Pfad, der seinen Weg durch eine blühende Sumpflandschaft sucht, liegen großformatige Trittplatten nebeneinander und bilden so unterschiedlich breite Flächen. In der gleichen versetzten Weise stufen sich die Platten zum großzügig bemessenen Sitzplatz hinauf, der sich im Schutz eines Pavillons befindet. Hier ist der eigentliche Aufenthaltsbereich in der ansonsten von Wasser geprägten Gartenlandschaft. Das Dach der hüttenähnlichen Struktur stellt eine helle Platte dar, die aussieht, als sei sie eine überdimensionierte weitere Trittplatte. Im Kontrast zu den hellen Platten schließt eine grüne Wand den Gartenraum ab.

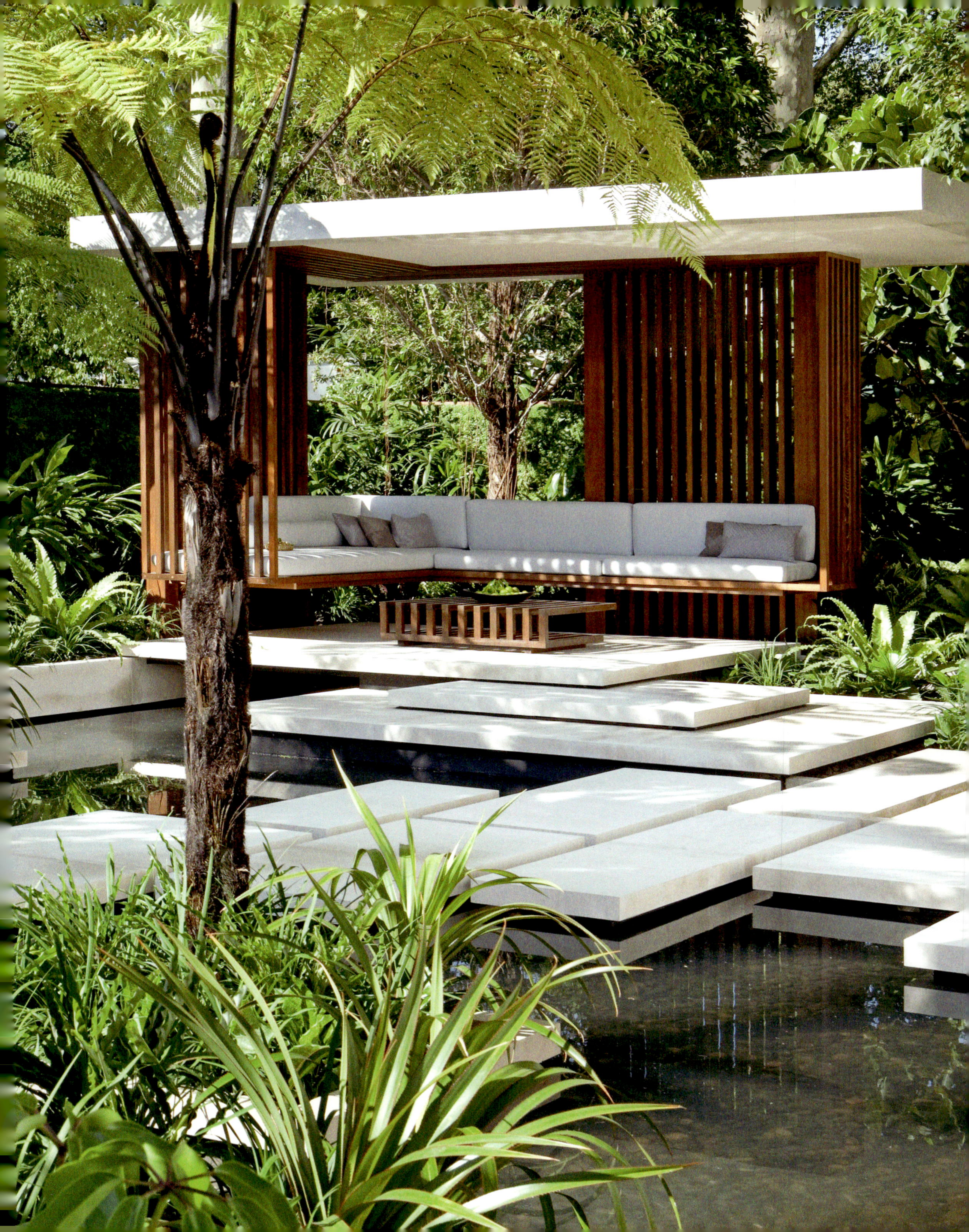

GARTENGESTALTUNG MIT SITZPLÄTZEN

1 Pflanzeninseln	3 Trittplatten höhengestuft
2 Trittplatten	4 Pavillon

Sitzplatz für Anspruchsvolle

Neben dem intensiven Einsatz von Wasser wird diese Gestaltung von der geschickten Schaffung unterschiedlicher Höhenniveaus geprägt. Nachdem sie im Vordergrund verschiedene Aufenthaltsbereiche bilden, führen die Trittplatten über wie zufällig übereinanderliegende Steinplatten zum erhöht liegenden Sitzplatz hinauf. Die Höhendifferenz ist mit 45 cm noch nicht wirklich gravierend. Hier wird deutlich, welche Dynamik bereits relativ kleine Höhenunterschiede in einem Garten bewirken können. Die Realisierung solcher Schichtungen erfordert allerdings eine sorgfältige Planung nicht nur der Trittplattenverläufe, sondern auch der jeweiligen Unterkonstruktionen. Für die ebenfalls höhengestuften Betonfundamente sind exakte Pläne erforderlich.

Was für die Steinplatten gilt, ist an baulicher Genauigkeit ebenfalls für die Pflanzeninseln erforderlich. Damit die Vegetation sich in den Trögen gesund entwickeln kann, müssen Sie eine Be- und Entwässerung vorsehen. Etwas Leitungsbau ist da schon notwendig. Ein solcher

Wassergarten benötigt ferner eine ausreichend bemessene Filteranlage. Gehen Sie bei der Wasserhygiene grundsätzlich auf Nummer sicher und wählen die Kapazitäten der Filteranlage nicht zu nahe am Leistungsminimum. Entscheiden Sie sich im Zweifel lieber für ein etwas überdimensioniertes Filtervolumen. Dann hat Ihre Anlage immer noch Leistungsreserven. Der Platzbedarf einer geeigneten Filteranlage liegt bei etwa 1,5 qm Grundfläche.

Der Pavillon nimmt das feine Spiel zwischen schwebender Leichtigkeit und massiger Gewichtigkeit elegant auf. Seine Wände aus senkrechten Leisten erscheinen betont transparent, während die mächtige Dachplatte darüber liegt. Um dem Dach aber ebenfalls etwas Schwebendes zu verleihen, wurden die Stützpfeiler fast unmerklich in die Stabstruktur der Wände eingefügt.

Der praktische Nutzen eines großen Dachüberstandes ist bei dieser Menge an Sitzkissen nicht zu unterschätzen. Auch bei längeren Regenphasen können die Lounge-Möbel hier einfach unter dem Dach verbleiben. Denn selbst wasserfeste Kissen würden unter freiem Himmel schnell verschmutzen und an der Oberfläche veralgen, wenn sie der Sonne und dem Regen direkt ausgesetzt wären. So lässt sich der Freiluft-Sitzplatz während der ganzen warmen Jahreszeit ohne großen Pflegeaufwand nutzen und vermittelt ein echtes Wohngefühl im Garten.

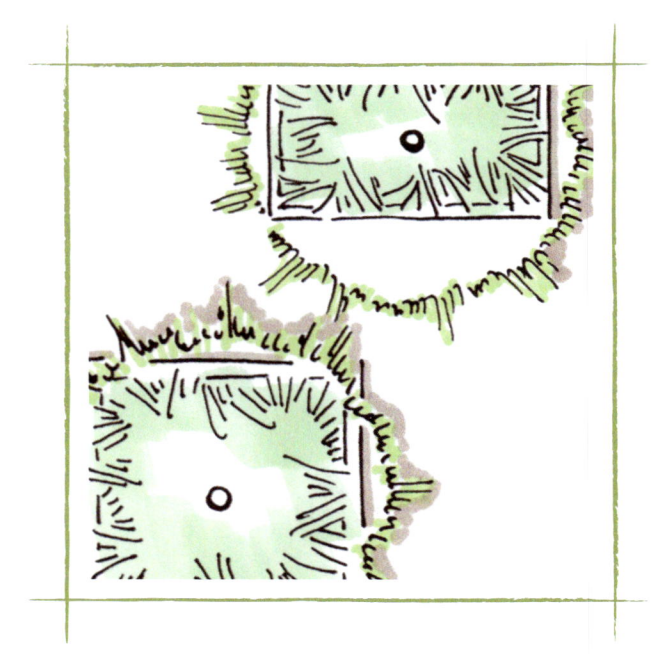

Frostsicherheit bei Pflanzen Die hier verwendeten Baumfarne sind nicht hundertprozentig frostsicher. Bei der Pflanzplanung sollten die Angaben der Pflanzenproduzenten zur Winterhärte einer Pflanze jedoch beachtet werden. Meist bieten sich optisch ansprechende Alternativen, um in einem Garten ein bestimmtes Flair zu erzeugen. Als Ersatz für den Baumfarn würde sich der Japanische Angelicabaum (*Aralia elata*) eignen, auch Teufelskrückstock genannt. Er gilt als besonders winterhart und hält Temperaturen bis zu minus 25 Grad stand. Die Japanische Aralie ist ursprünglich in Russland (Ostsibirien), China (Mandschurei), Japan und Korea beheimatet.

Ibiza-Feeling Sie möchten bei der Gestaltung Ihres Sitzplatzes gerne ein wenig spielerisch arbeiten? Dann verkleiden Sie ihn doch wie auf dem Beispielbild als Party-Lounge und erzeugen damit eine ganz eigene fröhliche Stimmung. Einige ungewöhnliche Farben und Formen genügen, damit sich Ihr Sitzplatz in eine poppig-mediterrane Sitzecke verwandelt. In dem Beispiel wurde eine liebevoll geschichtete Trockenmauer mit einer breiten Sitzbank kombiniert, die in lässigen Schwüngen die Sitzecke ausfüllt. Alles wirkt spontan und ungezwungen. Aber aufgepasst: Helle Farbtöne verlangen im Außenbereich mehr Pflegeaufwand als gedeckte Farben. Wie das Bild zeigt, können Sie jedoch immer mit einer stilgerechten Dekoration viel zur gewünschten Atmosphäre beitragen.

Ibiza-Feeling

Materialauswahl Versichern Sie sich bei der Planung, dass die gewählten Materialien auch den klimatischen Bedingungen des geplanten Sitzplatzstandortes gut entsprechen. Da es in nördlichen Gefilden öfter regnet, bewirken Staub im Niederschlagswasser und die höhere Luftfeuchtigkeit insbesondere im Schatten bei mediterranen Materialien schnell eine gewisse Vergrauung oder Vermoosung.

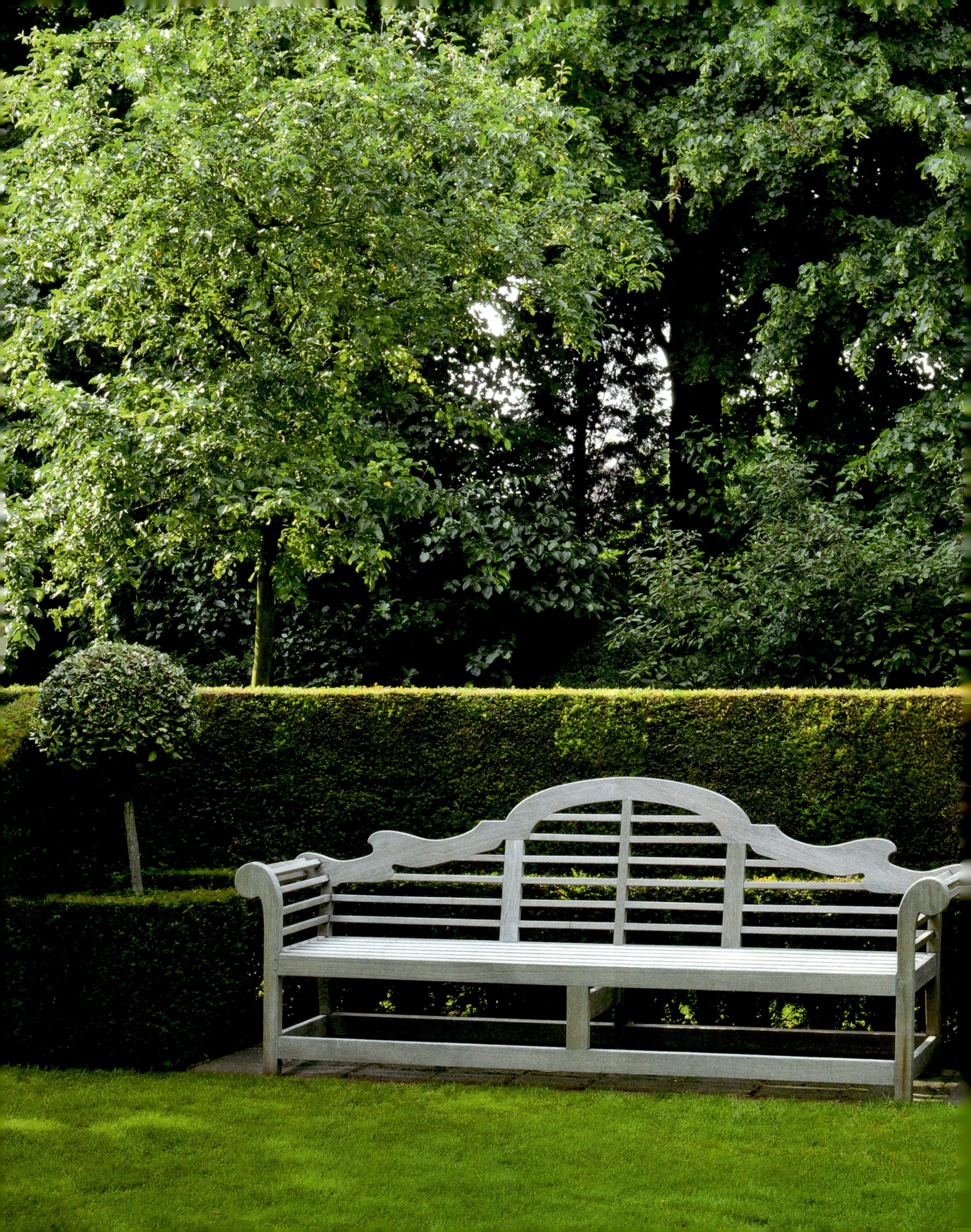

Gehölze für den Formschnitt

Für stark geformte Hecken sind folgende dichtverzweigende Gehölze besonders geeignet:

Gewöhnlicher Buchsbaum (Buxus sempervirens arborescens)

Scheinzypresse (Chamaecyparis lawsoniana 'Alumii')

Stechpalme (Ilex aquifolium)

Lebensbaum (Thuja occidentalis)

Gewöhnliche Eibe (Taxus baccata)

Formatiert Sogar entlang einer gewöhnlichen Hecke kann ein Sitzplatz zum Gestaltungsthema werden. Hier wurde die Pflanzfläche so weit verbreitert, bis sich eine passende Nische für die elegante Holzbank herausbildete. Die Wiederverwendung derselben Heckenpflanze und ein gekonnter Formschnitt verbinden Sitzbank und Hecke zu einem echten Blickfang.

GARTENGESTALTUNG MIT SITZPLÄTZEN

Glasscheibe Handelsübliche Glasscheiben sind etwa bis 80 cm breit. Dann benötigen sie jeweils einen durchgehenden Steg als Auflagepunkt. Stegfreie Glasüberdachungen erfordern deutlich dickere Glasscheiben, was zu wesentlich höheren Lasten führt.

Dachstatik Bei schwergewichtigen Konstruktionen auf dem Hausdach oder dem Balkon muss ein Statiker die zulässige Belastbarkeit des betroffenen Dachbodens prüfen. Auch die geplante Überdachung muss auf Wind- und Schneelasten hin berechnet werden. Aus den ermittelten Werten ergeben sich die Maße der Stahlträger.

Überflieger So wird der Sitzplatz zum weithin sichtbaren Architekturobjekt. Wie ein großes Insekt, zum Absprung bereit, steht der lichtdurchflutete Pavillon an der Brüstung des Dachgartens und öffnet seine gläsernen Flügel. Stabile Stahlpfosten tragen das grazile Glasobjekt. Erst die zentrale Anordnung der Entwässerungsrinne ermöglicht die rahmenlose Konstruktion der Scheibenhalterung. So verlaufen die Scheiben jetzt nach außen weg und enden irgendwo weit oben im Himmel ...

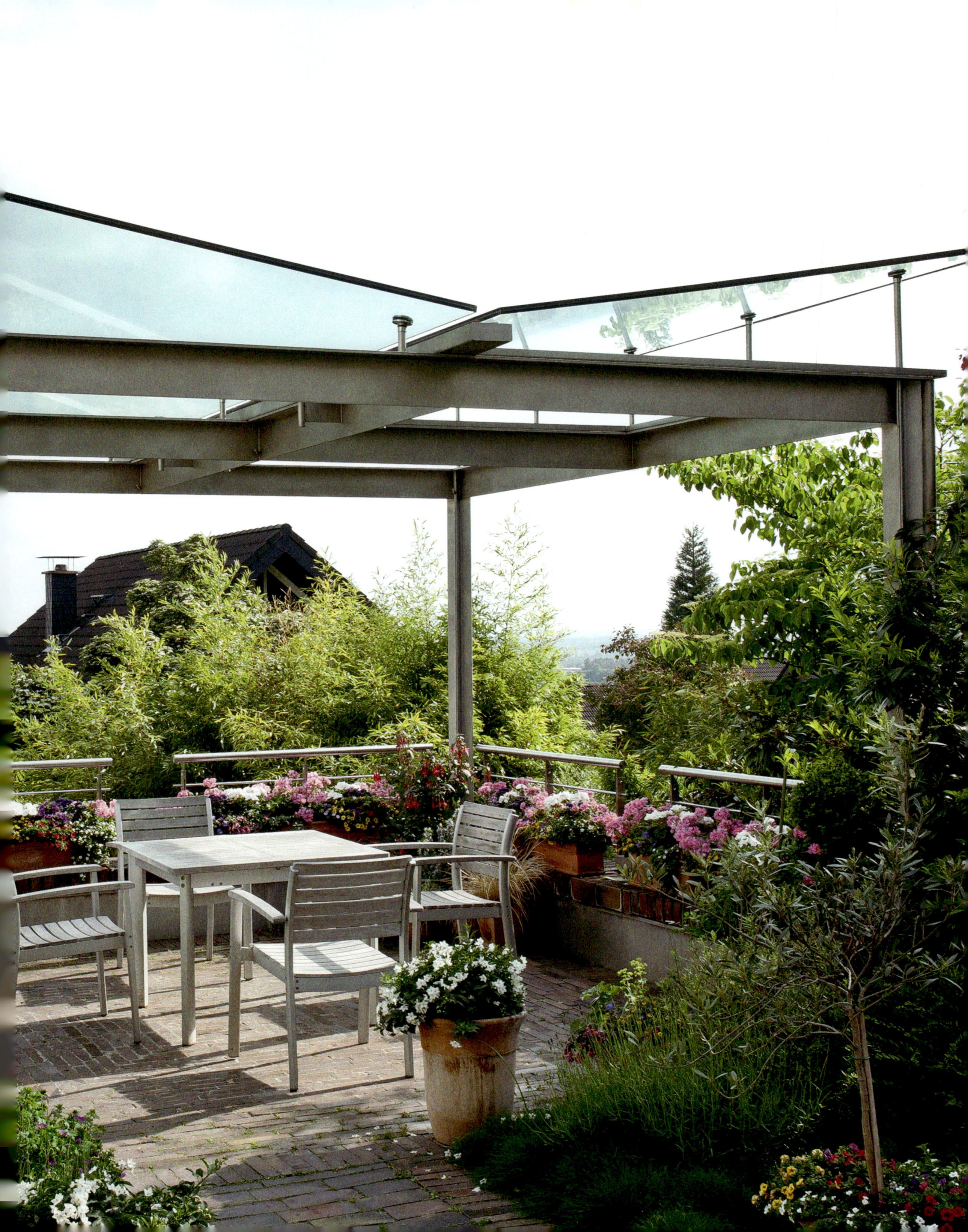

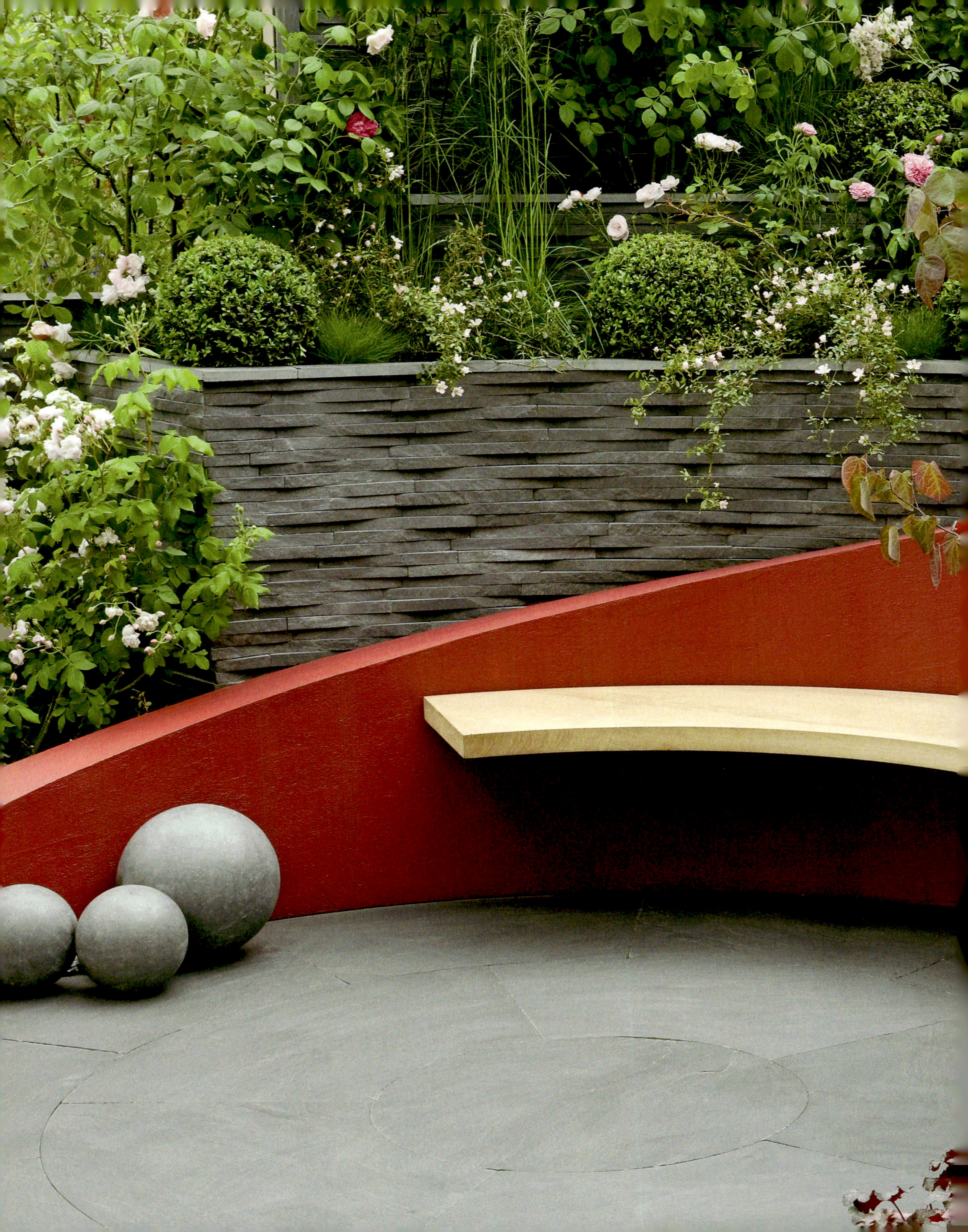

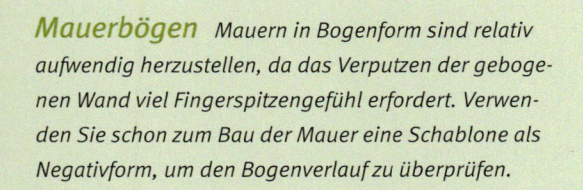

Mauerbögen Mauern in Bogenform sind relativ aufwendig herzustellen, da das Verputzen der gebogenen Wand viel Fingerspitzengefühl erfordert. Verwenden Sie schon zum Bau der Mauer eine Schablone als Negativform, um den Bogenverlauf zu überprüfen.

Farbige Akzente Frische Farben an Wänden haben eine erhebliche Wirkung auf jeden Betrachter. Wichtig ist jedoch, dass Sie nur Farben verwenden, die auf den Untergrund abgestimmt und für den Außenbereich geeignet sind. Die farbigen Akzente sollten Sie auch deshalb nur gezielt und sparsam einsetzen, weil sie öfter von Regenspuren oder Algen zu reinigen sind, um ihre Leuchtkraft zu erhalten.

Steilkurve Wenn Sie in Ihrem Garten unterschiedliche Räume schaffen möchten, können Sie dies durch Pflanzen, aber auch durch Mauern erreichen. Mauern können gleichzeitig Sitzmöglichkeiten aufnehmen, was in kleinen Gärten von Vorteil ist. Diese hier gezeigte Wand wurde so geschickt gestaltet, dass sie visuell zwar einen eigenständigen Bereich markiert, aber dennoch Verbindung zum übrigen Garten hält. Das vordere, mit einem warmen Rot gestrichene Mauerelement schwingt weit um den Sitzplatz herum, sodass an seinem Ausläufer die seitlich anschließende Pflanzung wieder hineinspielen kann. So verschmelzen die einzelnen Bereiche zu einem ganzheitlichen Gartenbild.

GARTENGESTALTUNG MIT SITZPLÄTZEN

Caramba mit System Mindestens genauso anspruchsvoll wie ein minimiertes Design ist der inszenierende Themengarten, denn die Rutschgefahr in den Kitsch ist durchaus gegeben. Dieser Hacienda-Garten konnte ihr souverän entgehen, weil die Elemente und Symbole gezielt und sparsam verwendet wurden. Chilizöpfe, typische Lederstühle und die markanten Adobe-Wände sollten genügen, um den Besucher ein wenig auf Reisen in Richtung Mexiko zu schicken. Weckt es Ihre Lust, ebenfalls kreativ mit Bildern zu spielen? Dann verwandeln Sie Ihren Sitzplatz wie ein Bühnenbildner in ein Szenario Ihrer Wahl. Achten Sie aber auch hier auf das Zusammenspiel der Elemente Symmetrie, Rhythmus und Proportion. Die hier zu sehende Terrasse folgt den Regeln konsequent.

Adobe Adobe ist das klassische Baumaterial der Indianer im Südwesten der USA und der spanischen Missionare in Mexiko gewesen. Flüssiger Lehm und Stroh trocknen in Formen zu harten, aber atmungsfähigen Ziegelsteinen aus. Die fertig erstellte Wand wird mit Lehmputz gedichtet und an den Kanten abgerundet. Bis heute gilt Adobe als günstiger, baubiologisch sehr vorteilhafter Baustoff.

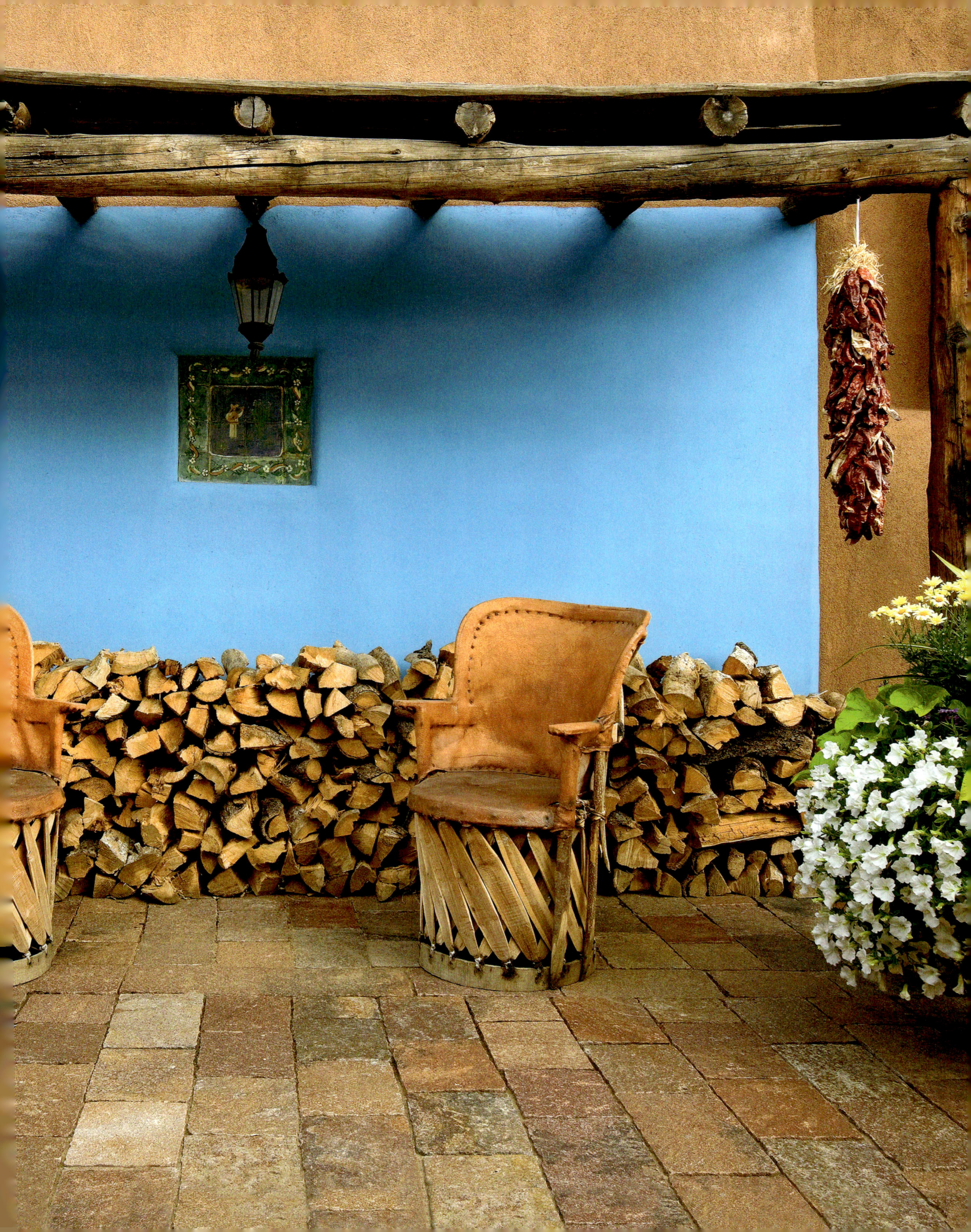

Auf die Couch, bitte Eine geniale Lösung für den Topiary-Garten. Auch der Sitzplatz wird durch einen regelmäßigen Schnitt in Form gehalten. Gestochen scharf bildet sich das grüne Sofa aus der sorgfältig modellierten Einfassung heraus. Dank seiner Sitzfläche, die zur Hälfte aus einem Steinblock besteht, ist das Sofa sogar für ein kurzes Verweilen geeignet. Aber schlafen Sie bitte nicht darauf ein …

Topiary Topiary wird der scharfkantige, perfekt ausgeführte Formschnitt an immergrünen Gehölzen genannt. Die ornamentale Schnittkunst findet sich in allen Epochen der klassischen Gartenarchitektur. Topiary wurde in der chinesischen, japanischen, italienischen, französischen und der englischen Gartenkunst als Stilelement eingesetzt, allerdings mit ganz unterschiedlichen gartenphilosophischen Zielsetzungen. Neben viel Übung, einer geduldigen Hand und einer scharfen Schere benötigen Sie für Topiary immergrüne Pflanzen mit langsam und besonders dicht wachsenden kleinen Blättern oder Nadeln. Die typischen Topiary-Gehölze sind unter anderem Buchsbaum, Eibe und Liguster.

Sitzspirale Ist es ein schön anzusehendes Gartenkunstwerk, ein perfekt geformter Sitzplatz für geselliges Miteinander oder eine wunderschöne Idee für eine Wasserstelle? Richtig, es ist alles. Und dabei wurde es so individuell und detailverliebt entworfen, dass sogar der Profi-Planer vor Ehrfurcht verstummt.

TIPP

Der Bau von Natursteinbögen gehört zu den anspruchsvolleren Techniken im Mauerbau. Für die Aufschichtungen werden präzise gearbeitete Schalungswände aufgestellt, um daran die geraden Mauern aufzuziehen. Erst eine konzentrierte Steinbearbeitung ermöglicht diese feinen, engfugigen Steinlagen. Bequeme Sitzmauern sollten grundsätzlich eine Sitzhöhe von 50 cm nicht unterschreiten. Achten Sie bei den Abdeckungen auf kippsichere Befestigung.

Ein Blick in das Zentrum der spiralförmigen Mauer zeigt den Boden des abgelassenen Beckens und den ganzen Umfang der detaillierten Steinarbeiten. Der Wasserrohranschluss muss selbstverständlich dicht sein. Dieses ist ein nicht ganz einfach zu lösendes Detail, das in jedem Fall von einem Fachmann erledigt werden sollte. Klären Sie die genaue Ausführung bereits vor dem Bau der Fundamente.

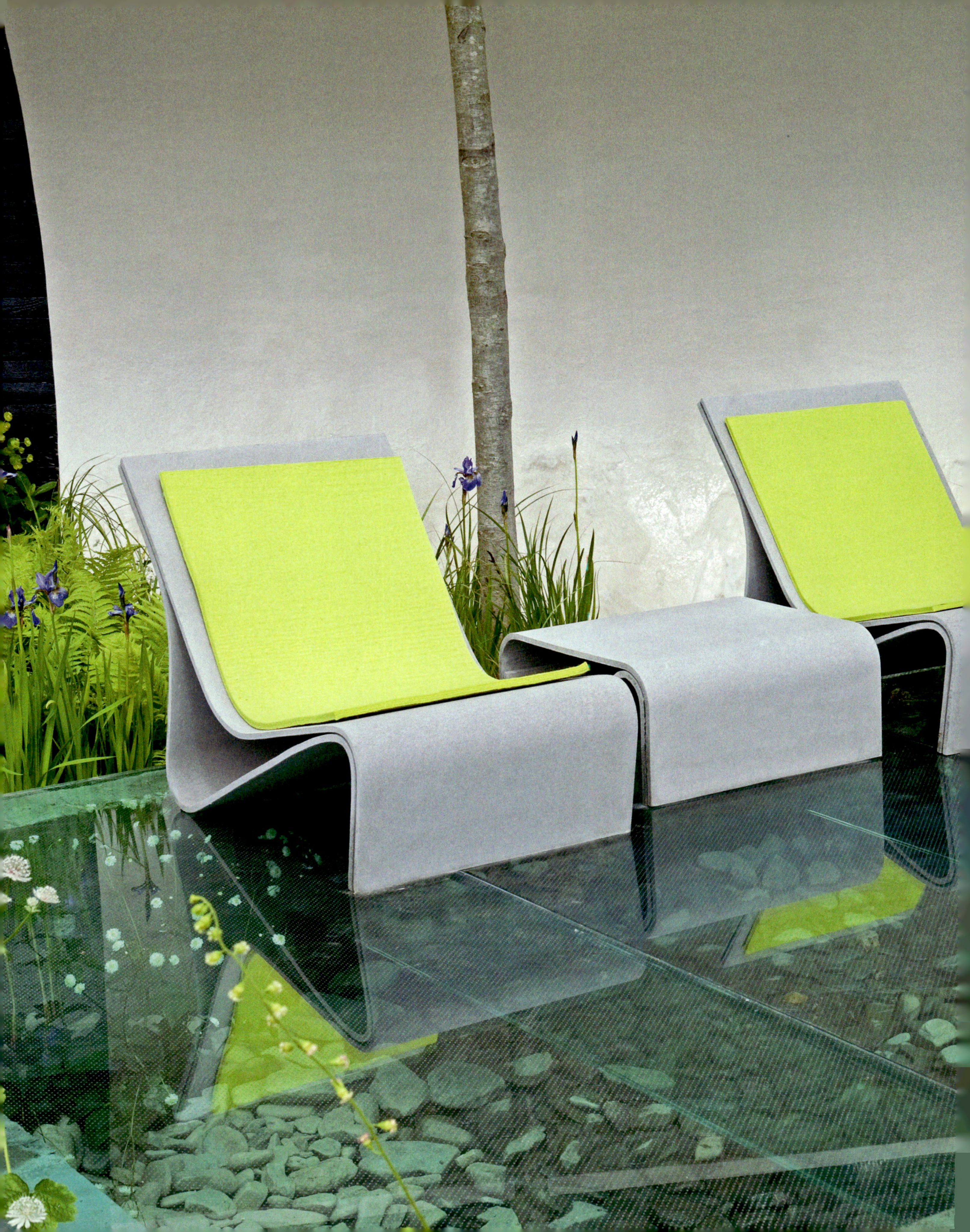

Glas als Bodenbelag Sicherheitsglas in ausreichender Stärke lässt sich als Belag einfacher verwenden, wenn die einzelnen Glaselemente nicht zu groß werden. So ist seine Verwendung in Form von Einzelplatten, zum Beispiel in einer größeren Holzterrasse, mit vetretbarem Aufwand zu realisieren. Aufgrund der erhöhten Rutschgefahr bei Nässe, die auch auf geschliffenem Glas noch besteht, sind die Platten nicht in den stark begangenen Bereichen zu verlegen. Zur regelmäßigen Säuberung auch der Plattenunterseite sollten Glasplatten leicht herausnehmbar eingebaut werden.

Voller Durchblick   Das Laufen über Wasser bleibt sicher weiterhin nur Wenigen vorbehalten. Doch dank moderner Technik rückt jetzt die Illusion dazu etwas näher. Wenn Sie Gefallen finden am Spiel mit der optischen Täuschung, werden Sie sich für Sitzplätze wie diesen begeistern. Dank stabiler Platten aus Sicherheitsglas entsteht der Eindruck, als würden die filigranen Möbel auf einer Wasserfläche treiben. Darunter regelmäßig angeordnete, gläserne Stützplatten sorgen für die notwendige Stabilität. Ein Bachbett aus Rollkies kaschiert die Befestigungskonstruktion der Stützplatten am Boden. Auch die Bepflanzung bleibt im Bild: Pflanzen von feuchten oder wassernahen Standorten wie Farne und Sumpfiris symbolisieren das Bachufer. Eine indirekte Beleuchtung dürfte das transparente Bauwerk bei Dunkelheit noch einmal besonders spektakulär inszenieren.

GARTENGESTALTUNG MIT SITZPLÄTZEN

Grenzwertig Wenn Sie Bäume als Formgehölze entlang der Nachbargrenze pflanzen wollen, sollten Sie sich zuvor nach den Bestimmungen des Nachbarrechts im jeweiligen Bundesland erkundigen und schauen, welche Grenzabstände einzuhalten sind. Nachbarn reagieren meist verständnisvoller, wenn sie sich dabei nicht übergangen fühlen.

Klare Kante Ruhe in Form und Fläche sowie der Verzicht auf nutzlose Schnörkel schenken jedem Design Qualität. Hier zieht sich die Holzterrasse durch alle Belagsflächen. Das lässt den gesamten Garten als eine einzige große Terrasse erscheinen. Der still schimmernde Seerosenteich liegt dadurch nicht mehr am Rande der Terrasse, sondern befindet sich nun inmitten des Geschehens. Er fungiert so als zentraler Blickfang auf der Terrasse. Grüne Zwischenwände aus Eibenhecken erzeugen weiter hinten einen Nebenraum, in dem eine Reihe gerade geschnittener Kastenlinden ihren Zweck als Blickschutz erfüllt. Nebenbei bilden sie einen erfrischenden Schattenplatz. In gleicher Weise fügen sich die Edelstahlmöbel in den Gartenstil. Mit ihren glänzend polierten Vierkantrahmen und den technisch anmutenden Details sind sie sehr schlicht und verzichten auf jede unnötige Windung.

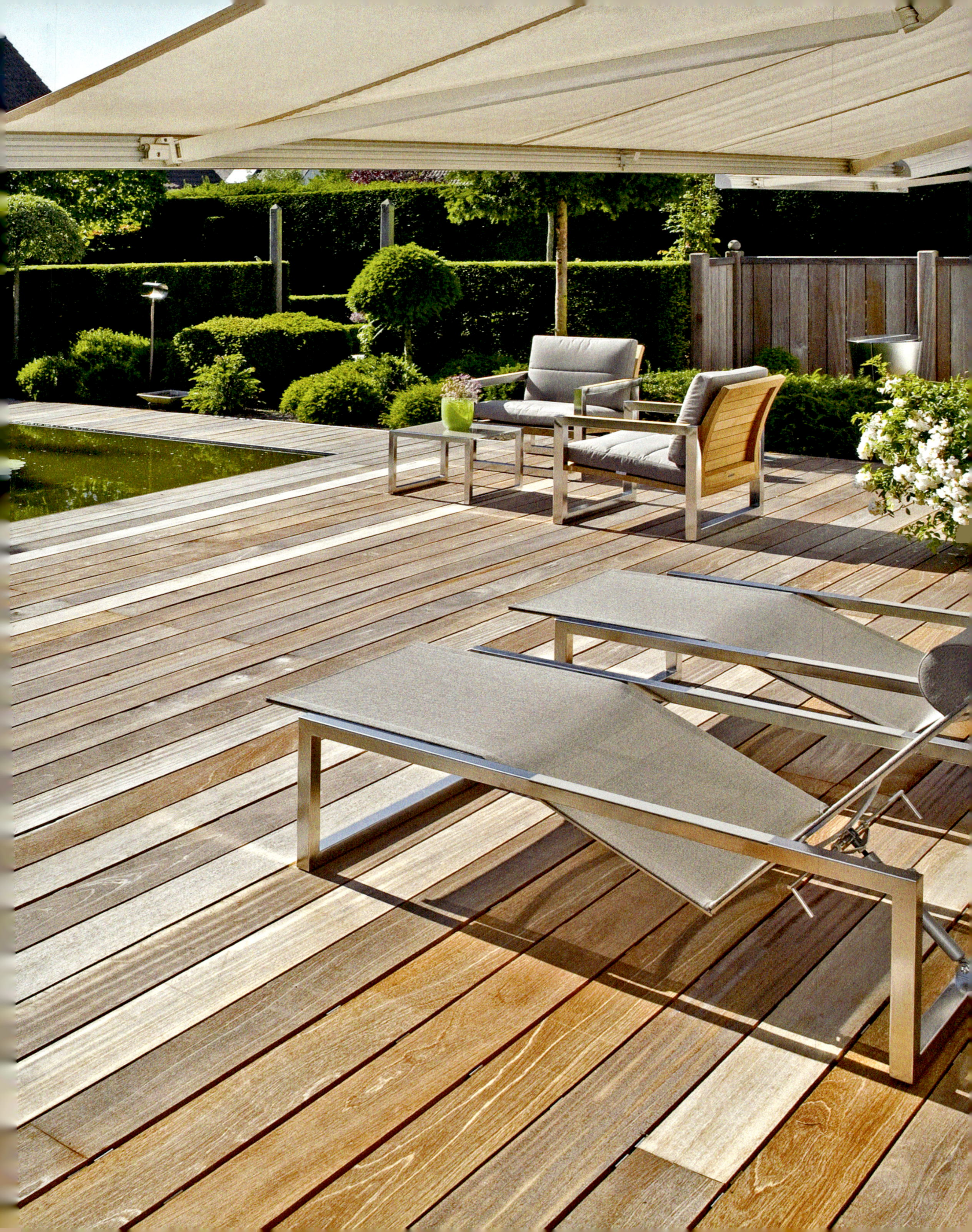

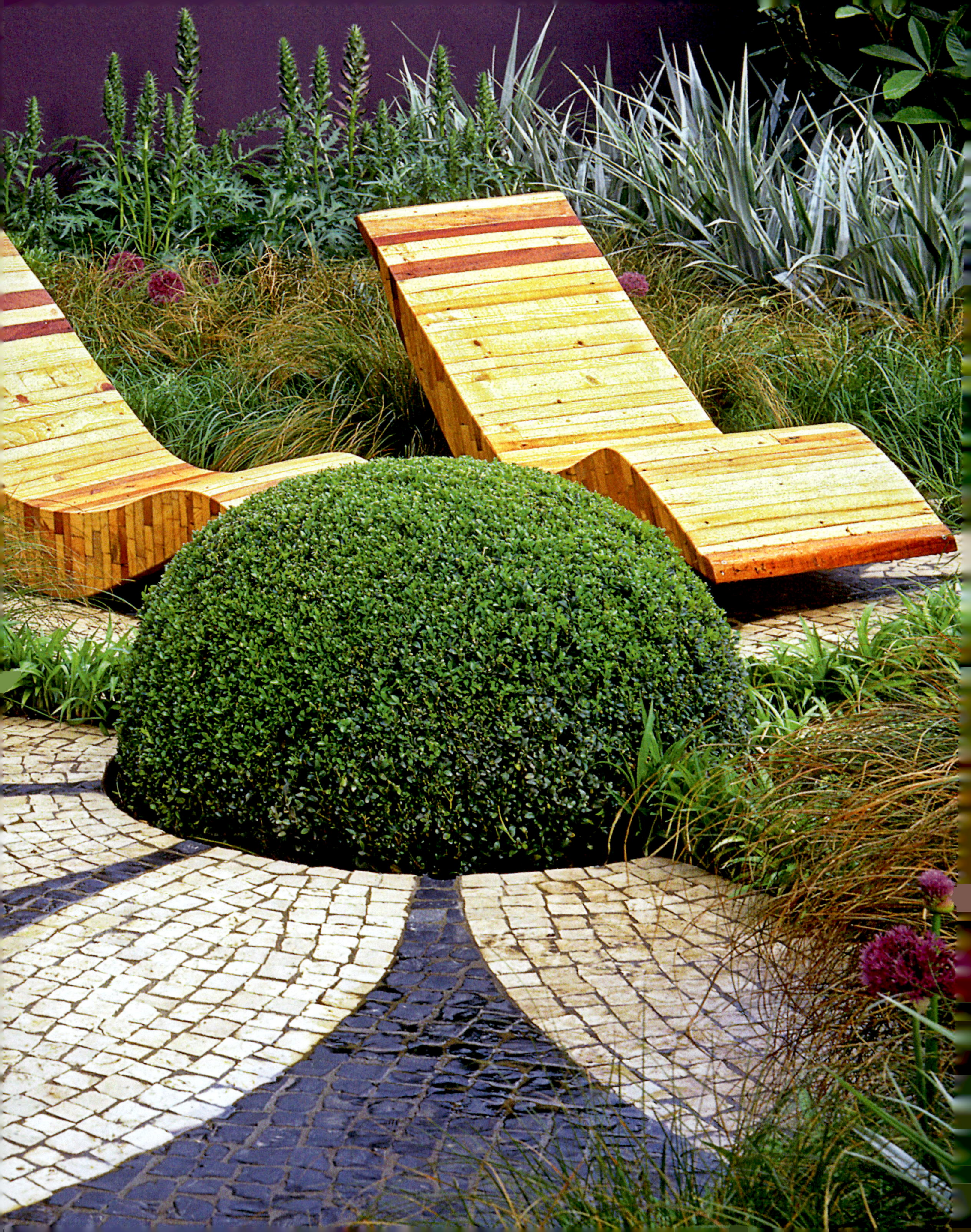

Bienenliege   Wie die Blüte einer riesigen Sonnenblume auf einer Sommerwiese liegt dieser Sitzplatz inmitten von weich wogenden Gräsern. Zwei Blütenblätter haben sich etwas aufgerichtet und laden ihre Gäste ein, sich von der Arbeit auszuruhen und eine kurze Pausenmelodie zu summen ... Sie sehen, ein fantasievoll gestalteter Sitzplatz kann inspirieren. Dabei sind es einfache Materialien, die das Blütenbild zeichnen: Mosaikpflaster stellt die Blütenblätter dar und die wohlgeformte Buchsbaumkugel den Blütenstand. Die drehbaren Liegen aus geleimten Holzlatten waren dagegen etwas aufwendiger zu bauen.

Die langen Kopfteile versprechen entspanntes Ruhen und bieten die Möglichkeit, auch einmal die Arme über Kopf abzulegen, was auf vielen Liegestühlen schnell unbequem wird. Passende Polsterauflagen für solche Liegen kann man inzwischen in jeder individuell gewünschten Form über das Internet bestellen. Bei harten Unterlagen wie diesen Holzliegen sollten Sie auf dichte Schaumstoffkerne achten, um bequem zu ruhen.

Damit die Liegen wie schwerelos über dem Boden schweben, sind stabile Fundamente erforderlich, die alle Belastungen mühelos aufnehmen können. Die Drehlager sind ebenfalls entsprechend stabil auszulegen. Sie sollten zugänglich bleiben, um sie später einmal warten zu können.

Holzliegen   Zur Herstellung der Holzliegen wurden zahlreiche Holzlatten wasserfest verleimt. Die geschwungene Form der Sitzschale lässt sich mit einer vorgefertigten Schalung erreichen, die als Schablone den exakten Kurvenverlauf vorgibt. Die verschiedenfarbigen Holzeinlagen werden unter der UV-Bestrahlung der Sonne ohne regelmäßige Pflege allerdings bald verblassen und sich so angleichen. Möchte man diesen mehrfarbigen Effekt erhalten, muss das Holz regelmäßig mit einem transparenten Holzöl, das zusätzlich einen UV-Schutz bietet, behandelt werden.

Mosaikpflaster   Natursteinpflaster wird entsprechend seiner Größe in drei Hauptgruppen unterteilt. Die Gruppe der kleinsten Steine ist das sogenannte Mosaikpflaster, das in Würfeln zwischen 4 und 6 cm Kantenlänge angeboten wird. Die Verlegung der Steine erfolgt einzeln von Hand. Die Verwendung von Mosaikpflaster ist die aufwendigste aller Pflastermethoden. Aufgrund der geringen Steingröße erlaubt sie allerdings auch besonders stark gekrümmte Muster und Oberflächen.

Nischenlösung Zwei sich gegenüberstehende Bänke liegen, von einer Eibenhecke eingefasst, am Ende eines schmalen Plattenweges. Wie in einem Zugabteil bilden sie so auf kleinstem Raum einen Rückzugsbereich, in dem es sich sehr entspannt plaudern lässt. Ein Weg ließe sich so auch auf einem längeren Abschnitt gestalten, wenn sich Sitzplatz und Heckenkörper in einem bestimmten Rhythmus wiederholen. Unter der Bank ist eine indirekte Beleuchtung denkbar.

Abgesetzt   In diesem Garten nutzte der Gestalter den tiefer gelegenen Hausausgang für einen versteckten Sitzplatz. Die Wandverkleidung aus Faserbetonplatten findet sich ebenfalls in den Sitzflächen wieder und bildet so eine gelungene Einheitlichkeit. Die Kissen mit lockeren Pop-Art-Mustern verleihen dem Sitzplatz Spontaneität und eine unbekümmerte Leichtigkeit.

TIPP

Faserbetonplatten lassen sich ähnlich einfach wie Holzplatten verarbeiten und sind vollkommen witterungsbeständig. Wenn Faserbeton im Außenbereich verwendet wird, ist allerdings mit hellen Kalkausblühungen an der Oberfläche zu rechnen. Sie können dem begegnen, indem Sie die Flächen mit einem Spezialwachs versiegeln.

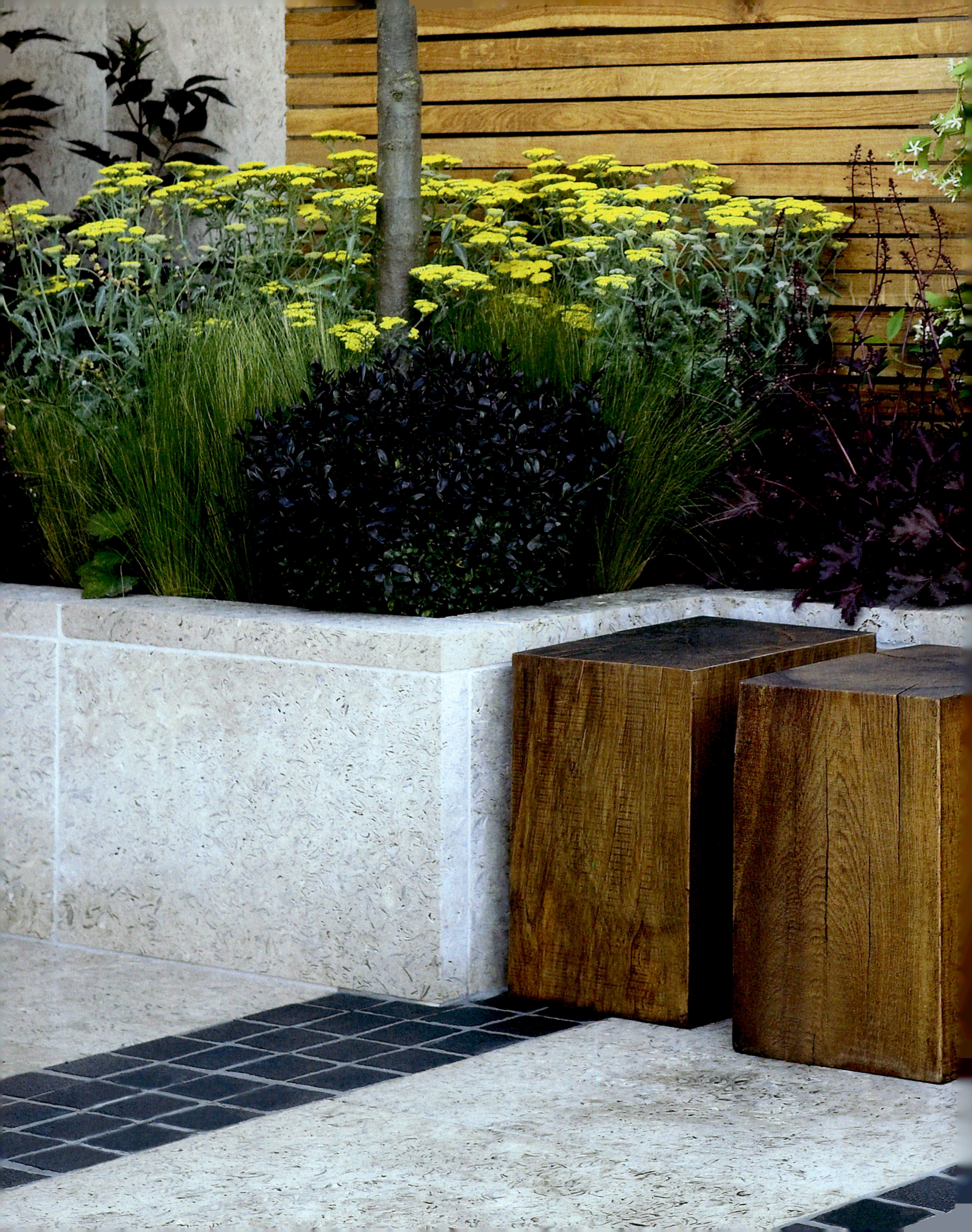

> ***Verschalung*** *Bei solchen beengten Standorten sollten Sie die Lebensbedingungen der Pflanzen nicht dem Zufall überlassen. Daher wäre hier der Betonverbrauch hinter der Wand durch eine Schalung einzugrenzen und ein gutes, drainfähiges Substrat mit einer Drainageleitung einzubauen. Optimal wäre hier zudem eine Tropfbewässerung, damit Baum und Stauden in der regenschattigen Ecke nicht kümmern.*

Eingebuchtet   Sitzgelegenheiten werden oft erst nach Abschluss der Gartengestaltung ausgewählt und auf der Fläche aufgestellt. Interessantere Räume lassen sich erzielen, wenn Sie Sitzplätze mit dem gesamten Gartenbereich als Einheit planen. Bei dieser Terrasse wurden die Sitzelemente nicht einfach vor eine durchlaufende Mauer gestellt, sondern es wurde speziell für die Sitzhocker in die Stützwand eine passgerechte Nische integriert. Die Wirkung ist erstaunlich: Die Wand gewinnt Spannung und Rhythmus, der Sitzbereich erhält Geborgenheit. Sehr schön wurde die Bucht auch bei der Gestaltung des Bodenbelags aufgenommen. Die Bänder aus anthrazitfarbenen Fliesen folgen einer Symmetrie und laufen zur Hälfte in die Sitzbucht hinein, wodurch sie die Terrasse mit dem Versprung verbinden. Stellen Sie beim Bau einer solchen Stützmauer sicher, dass die dahinter gepflanzten Stauden und Gehölze trotz der räumlichen Enge genügend Wurzelraum vorfinden.

GARTENGESTALTUNG MIT SITZPLÄTZEN

Holzlasur Holzlasuren sind offenporige Farbanstriche, die nicht voll deckend wirken. Die Maserung des Holzes bleibt dadurch sichtbar und verleiht dem Holz eine natürliche Anmutung. In der Regel können auch im Außenbereich die umweltfreundlichen Holzlasuren auf Wasserbasis verwendet werden.

Fertigbetonelemente Schon bei einer kleinen Serie empfiehlt sich die Herstellung von Betonprodukten in einem Betonwerk. Dort werden alle Bauteile den statischen Anforderungen entsprechend innen mit Stahl bewehrt und mit Genauigkeit gegossen. Besonders interessant ist die Möglichkeit, den Beton einfärben zu lassen. Damit erübrigen sich später erforderliche Neuanstriche. Auch unterschiedlichste Flächenbearbeitungen sind möglich.

Wandbegleiter Einfach ist oft schwierig – hier ist es gelungen. Mit betont schlichtem Materialeinsatz und warmen Erdtönen gelingt es dem Gestalter, eine charaktervolle Innenhofatmosphäre herzustellen. Bis in das schnörkellose Fugenbild der hölzernen Rückwand ist die Raumbildung dieses Gartens schlicht und pragmatisch aufgebaut, jedoch nicht langweilig. Besonders tragen dazu die farblich abgesetzten Bankelemente bei, die wie an der Schnur gezogen die Lattenwand begleiten. Durch ihre Wiederholung werden die Bänke ihrerseits zu einem weiteren Rahmen für den Gartenhof. Auch unter den Bänken verläuft ein Plattenband aus dem gleichen Material, was die Rahmenwirkung unterstützt.

Dann beginnen die Gartenflächen. Weicher Perlkies, etwas Rasen und eine unaufdringliche Wildstaudenmischung fügen jetzt Wärme und Lebendigkeit hinzu. Aber alles geschieht in entspannter Ruhe.

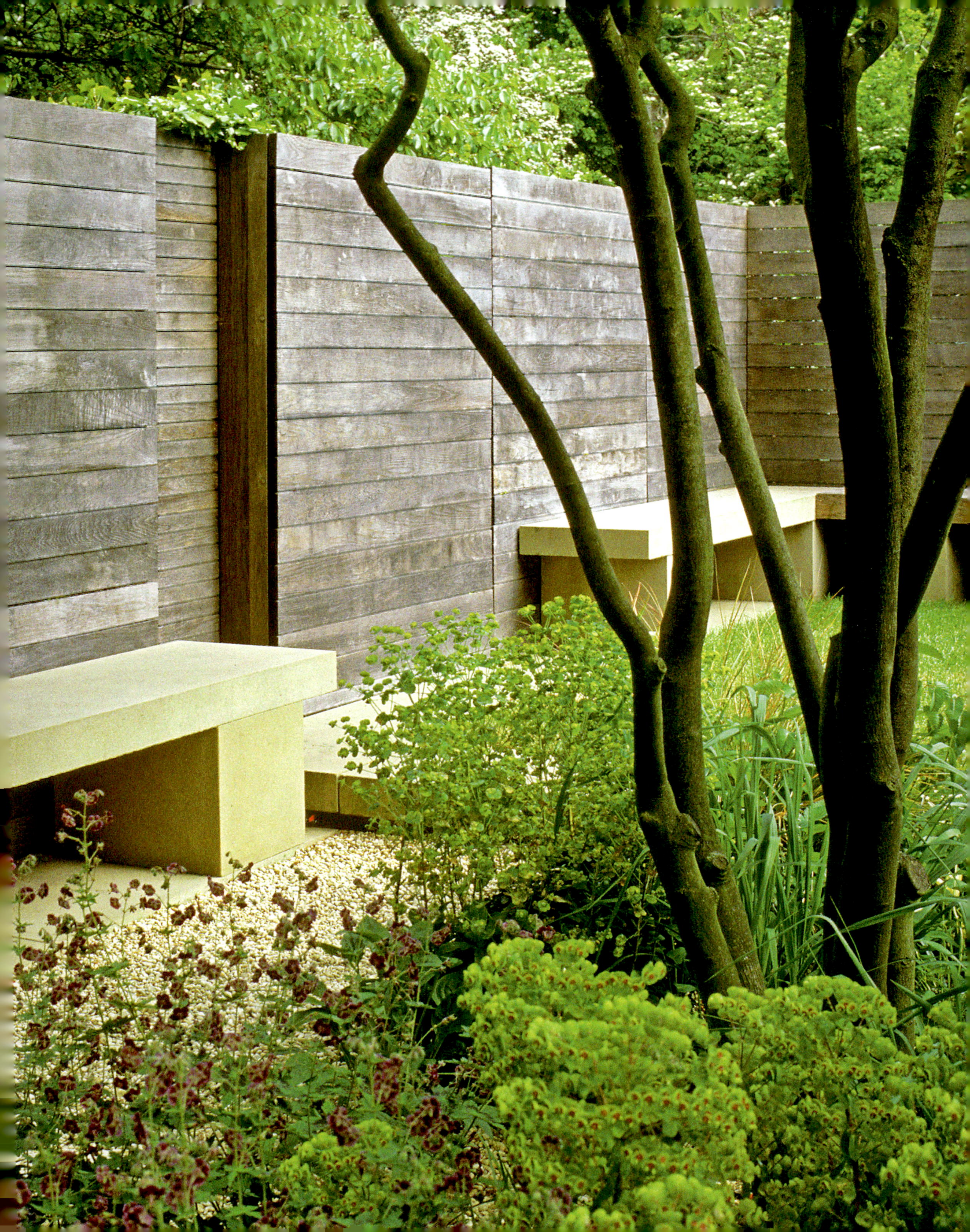

Sitzplatz-Details

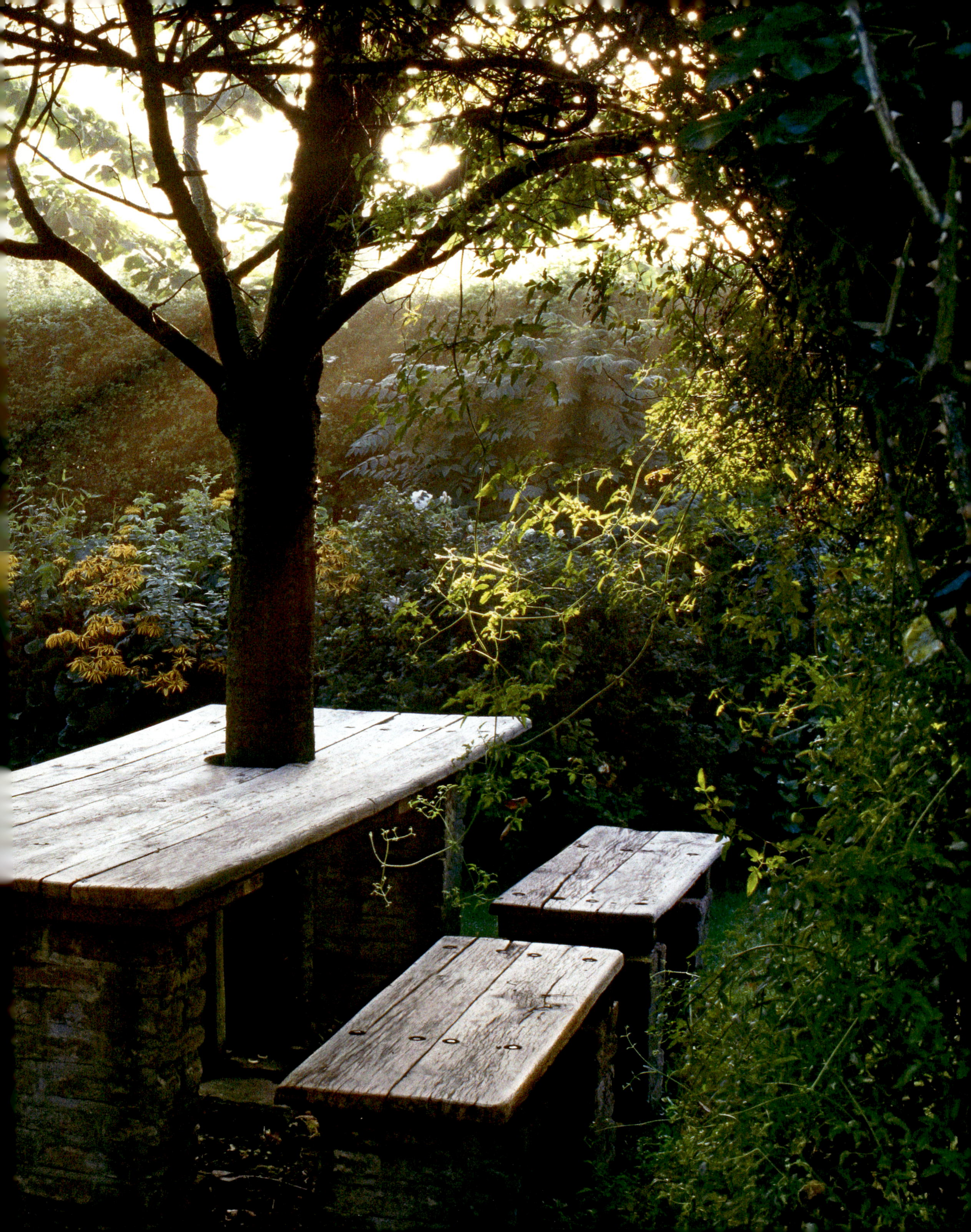

TIPP

Mit ihrer großzügigen Formensprache passen Lounge-Möbel ideal in Gärten mit ausgeprägtem Wohncharakter. Oft hat der Designer sie zu eleganten Objekten geformt. Sie benötigen dann allerdings auch ein entsprechend gestaltetes Umfeld, damit sie ihre volle Wirkung entfalten können.

Sitzplatz-Details Wenn ich eine Planung beginne, haben sich die Kunden meist schon bestimmte Vorstellungen von der Gestaltung ihres Gartens gemacht. Manchmal wissen sie schon ziemlich genau, wie sie ihren Garten gerne hätten, manchmal eher weniger. Oft sind es nur einzelne Ideenfragmente, die dann wie bei einem Puzzle zunächst einmal geordnet und sortiert werden. Dabei sind auch mitgebrachte Fotos oder Bildausschnitte aus Magazinen hilfreich. Anhand dieser Beispielfotos können mir die Kunden dann zeigen, welche Gestaltung sie mögen oder welche ganz allgemeine Stimmung sie anspricht. Immer suchen sie aber doch auch den Rat, ob nicht eigentlich auch eine ganz andere, ihnen noch völlig unbekannte Idee die richtige Lösung bieten könnte. Das ist durchaus öfters der Fall, denn in der Regel zeige ich schon zu Planungsbeginn bestimmte alternative Gestaltungsüberlegungen auf und die Situation wird neu gewichtet. Im Prinzip werfe ich also kleine Steinchen in das Wasser und schaue, wohin die Kreise ziehen. Daran kann ich erkennen, welche Inhalte meine Kunden tatsächlich suchen und worauf es ihnen dabei ankommt. Im Planungsprozess können sich die anfangs geäußerten Wünsche daher noch einmal deutlich ändern und sogar zu Konzeptionen führen, die zu Beginn eher skeptisch bewertet wurden.

Sehr wichtig ist es für Sie also, sich einen möglichst breiten Überblick über die einzelnen Elemente der Gartengestaltung zu verschaffen. Denn nur so können Sie Ihren persönlichen Bedarf ermitteln. Wie auch sonst im Leben ist es oft einfacher zu sagen, was man nicht will.

Auch das ist eine gute Sortierhilfe. Suchen Sie also nicht nur nach den Bildern, die Ihnen spontan zusprechen, sondern schauen Sie ruhig auch noch einmal genauer hin, wenn Ihnen etwas nicht so gefällt, und suchen Sie den Grund dafür. Noch ein kleiner Tipp für Sie: Halten Sie Ihre Gedanken als Notizen fest oder als Pro-und-Kontra-Liste – Profis arbeiten genauso. Sie werden nach einer Weile erstaunt sein, wie schnell Sie über diesen Weg zu Entscheidungen gelangen. Dieses Kapitel soll Ihnen einige neue Impulse dazu bieten. Es widmet sich in loser Zusammenstellung einigen Einzelfragen rund um den Sitzplatz. Neben dem einen oder anderen Gestaltungsdetail erhalten Sie zudem Lösungen zu Ausstattungsdetails wie Sonnenschutz oder Sitzmöbel. Dazu werden einige Sonderformen beschrieben wie Pavillons oder Kamine und Feuerstellen. Doch auch zu Ideendetails wie Outdoor-Küchen oder dem guten alten Baumhaus als besonderem Refugium finden Sie hier Anregungen und wichtige Informationen.

Nehmen Sie sich ruhig etwas Zeit, um sich mit den ganz unterschiedlichen Detailfragen zu beschäftigen, und lassen Sie diese auf sich wirken. Es wird Sie überraschen, wie bei Ihnen nach und nach neue, eigene Ideen zu sprießen beginnen.

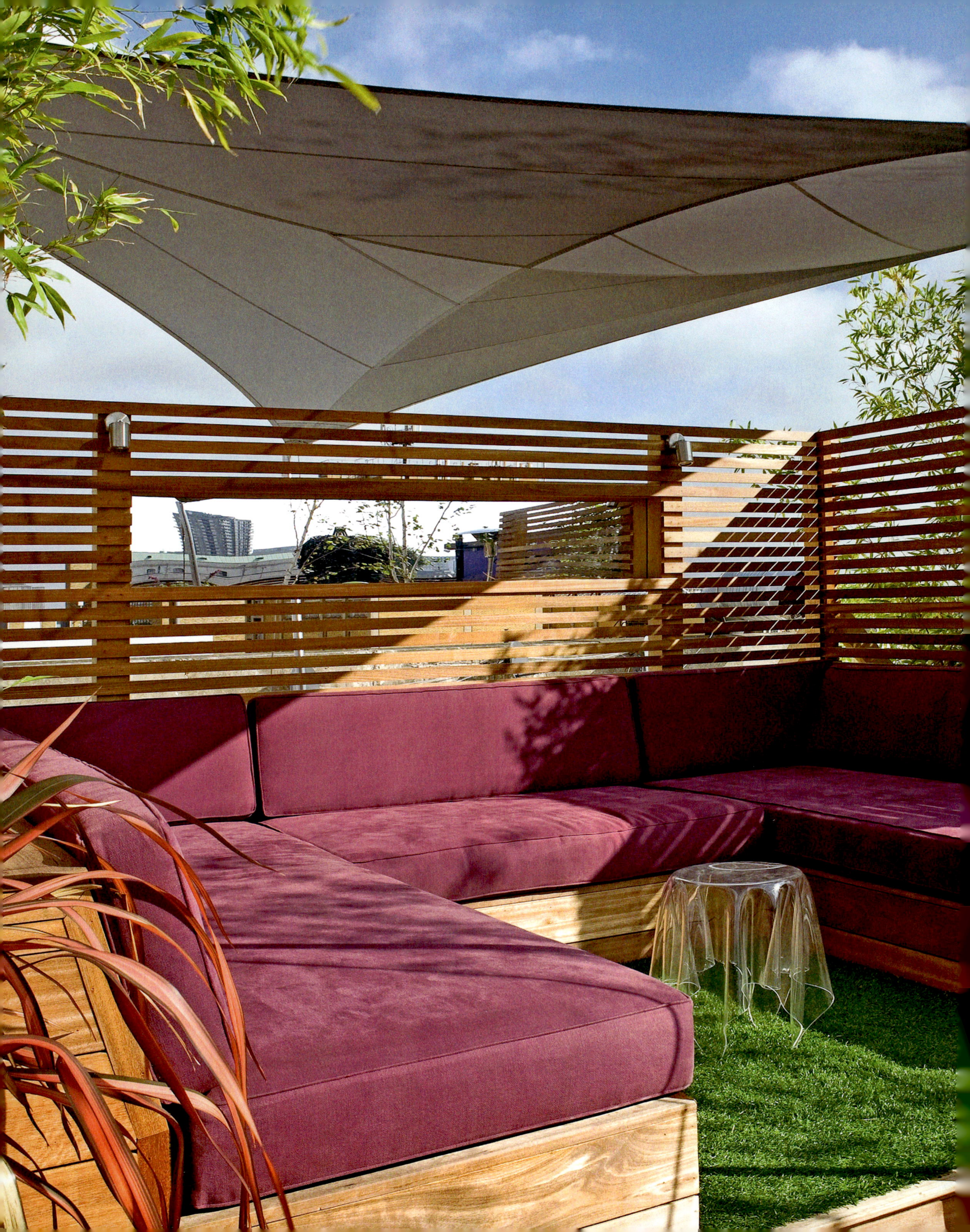

Mobile Home   Dieser Sitzplatz kann umziehen. Er ist in seinen Funktionen so weit zu Ende gedacht, dass er in wenige Einzelteile zerlegt und an anderer Stelle komplett wieder aufgebaut werden könnte. Das ginge im neuen Schrebergarten, im urbanen Hinterhof oder auf Ihrem Büroflachdach. Nicht dass der Aufbau bereits in einer knappen Stunde erledigt wäre, doch dieser kompakte Sitzplatz erfordert keine Fundamente im Boden und steht stabil auf weichem wie auch auf hartem Untergrund. Der Clou der ganzen Anlage ist die Befestigung des Sonnensegels, die ohne eine betonierte Verankerung im Untergrund alle Zug- und Druckkräfte aufnehmen muss. Wenn er leicht genug wäre, könnte der Platz bei Wind vermutlich sogar abheben. Die einzige feste Verbindung zur Erde scheint dieses Entspannungsraumschiff jedenfalls nur noch über das Stromkabel zu haben, das die ebenfalls vorhandene Beleuchtung versorgt. Aber vielleicht hat der findige Designer dafür ja auch eine Batterie eingebaut …

SITZPLATZ-DETAILS

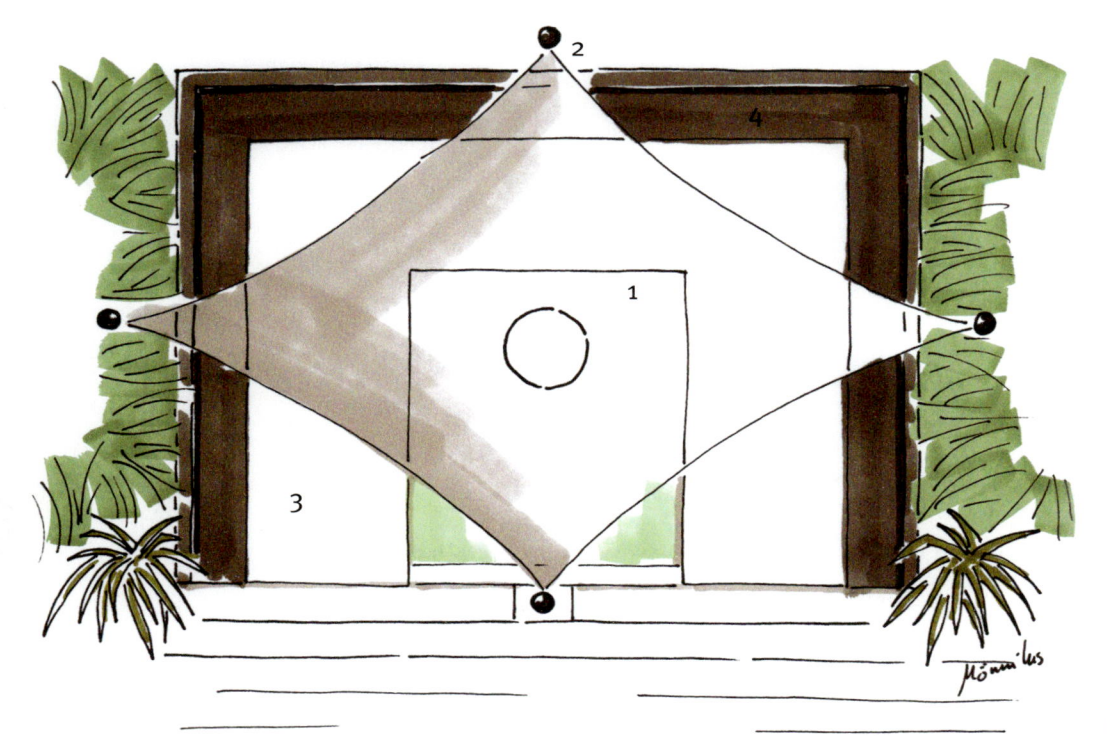

1 Sonnensegel	3 Sitzbank
2 Segelspanner	4 Rückwand

Die Komponenten des Sitzplatzes

Dieses Modell zeigt uns auf engstem Raum alle Komponenten, die ein gut funktionierender Sitzplatz benötigt.

Bequeme Sitzgelegenheit

Beste Bequemlichkeit bieten gemütliche, besonders dicke Sitzpolster. Sie verlangen jedoch zusätzlichen Platz zur Unterbringung nach Saisonende. Gerade wenn Sie sich für großzügige Lounge-Möbel interessieren, sollten Sie sicherstellen, dass ausreichend Lagerfläche im Keller vorhanden ist. Eventuell lassen sich die Polster auch mit einer flachen Aufhängung unter die Garagendecke bringen. Es gibt zwar grundsätzlich die Möglichkeit, Gegenstände in Bankelementen zu verstauen. Doch deren Konstruktion ist nicht ohne Anspruch. Da Bankdeckel aus hartem Tropenholz ein beträchtliches Eigengewicht mitbringen, wird für die sichere Bedienung eines Deckels eine Unterstützung erforderlich, zum Beispiel durch zusätzlich montierte Gasdruckdämpfer. Noch aufwendiger wird die Ausführung, wenn auch Polster darin verstaut werden sollen. Einerseits ist eine vollständig regenwasserdichte Deckelabdichtung und andererseits eine funktionstüchtige Lüftung des gesamten Bankinnenraums notwendig. Bemessen Sie den Stauraum so, dass die Polster nicht zusammengepresst werden.

Wind- und Sichtschutz Nur wenn der Sitzplatz genügend Schutz bietet, wird er angenommen. Die filigranen Holzlamellen verhindern neugierige Blicke. Gleichzeitig werfen sie ein lebendiges Schattenspiel über den gesamten Sitzbereich. In der mittleren Rückwand wurde ein Fensterausschnitt integriert. Erst bei genauerem Hinsehen entlarvt sich das Fenster als reflektierende Spiegelfläche, die einen Ausblick in die Ferne vortäuscht.

Beschattung Das hier eingesetzte Sonnensegel verleiht dem ganzen Sitzplatz eine Leichtigkeit, wie sie nur der textilen Architektur zu eigen ist. Gleichzeitig schafft es die nötige Intimität, bietet Sicht- und Sonnenschutz und bei einem leichten Schauer Regenschutz.

Das Segel ist der innovativste Teil des Sitzplatzes. Unter dem Holzboden befindet sich eine Unterkonstruktion aus schmalen Stahlträgern. Sie sind untereinander verbunden und wurden mit den Segelpfosten fest verschraubt. Von den Pfosten gehen Stahlstäbe ab, die ebenfalls mit der Unterkonstruktion verbunden sind. Jetzt können sie die aus dem gespannten Segel stammenden Zugkräfte aufnehmen und an die Unterkonstruktion weiterleiten. Da in allen vier Eckpunkten die gleichen Zugkräfte wirken, heben sie sich gegenseitig auf. So entsteht eine stabile Segelspannvorrichtung, die keine massiven Fundamente mehr benötigt.

Sonnensegel Sonnensegel sind die älteste Form des Sonnenschutzes und erfreuen sich in Gärten und auf Terrassen wieder einer zunehmenden Beliebtheit. Bereits in der Antike verwendete man sie als Schutzinstallation. Natürlich haben heutige Hightech-Segel nur das Prinzip und die Form mit den damaligen Sonnenschutzsegeln gemeinsam. Ein Sonnensegel muss hohe Spannungskräfte aufnehmen und sollte leicht zu reinigen sein. Moderne Segel bestehen daher aus einem Gewebe aus Polyesterfäden und werden mit hochwertigen Polymeren beschichtet. So kann ein Sonnensegel bis zu 80 % der UV-Strahlung der Sonne herausfiltern.

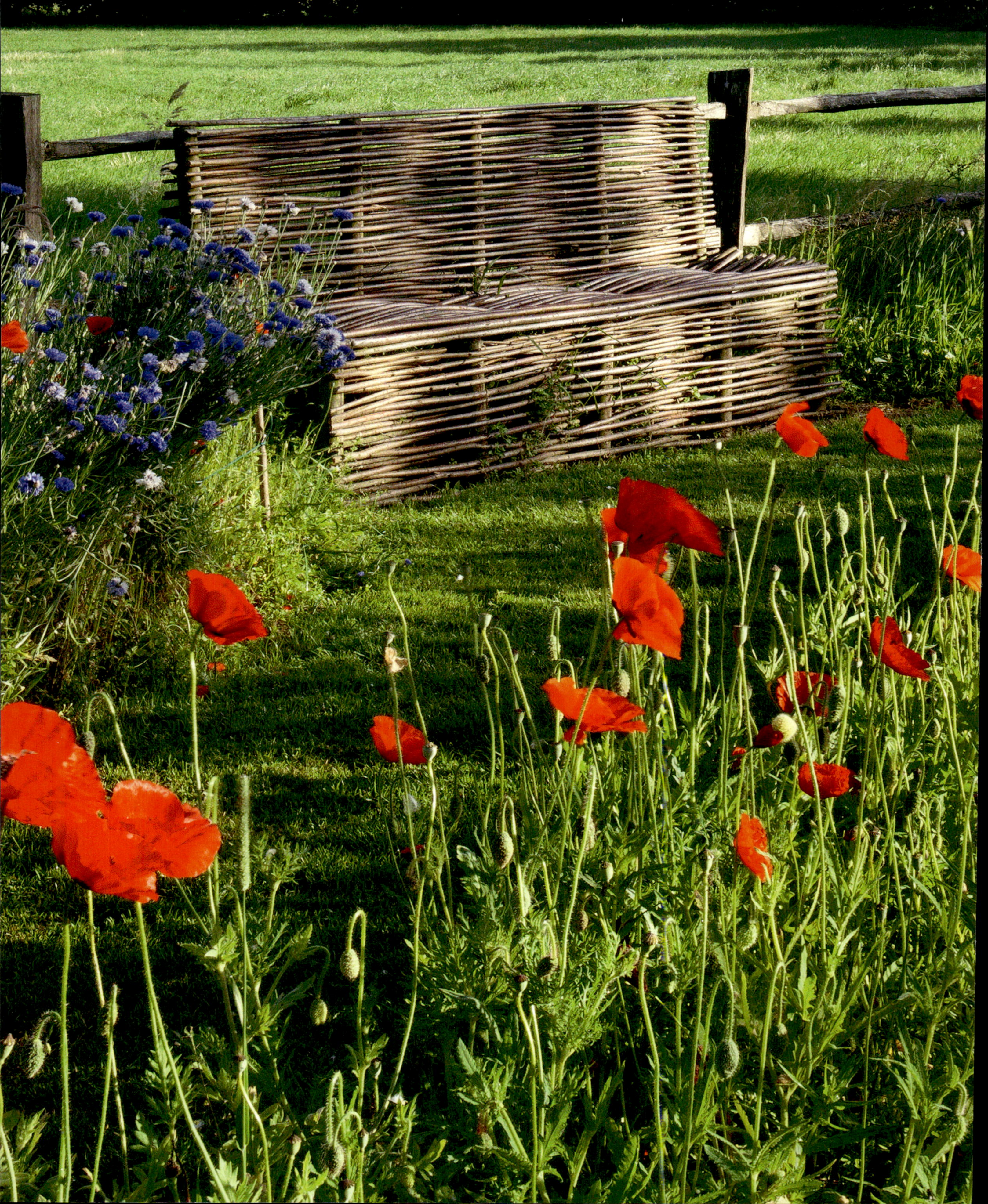

Flechthandwerk Sie wollen es selbst einmal versuchen? Für die Rahmenkonstruktion benötigen Sie stabile Holzpfosten wie Haselnuss, da diese Holzteile nicht austreiben sollen. Zum Flechten werden ausgewählte, möglichst gleichmäßig starke Weidenruten verwendet. Die Ruten können Sie verarbeitungsfertig gewässert und vorsortiert kaufen.

Ländliche Verflechtungen Hier ist die Welt noch in Ordnung. Die sorgfältig geflochtene Bank am Rande der idyllischen Blumenwiese kann typischer nicht platziert sein. Sie würde allerdings auch in eine ganz andere Umgebung passen, zum Beispiel in einen städtischen Innenhof. Dort könnte die Flechtbank als eher exotisch wirkendes Detail die Blicke im Gartenhof auf sich ziehen. Prinzipiell besteht die Bank aus drei separat angefertigten Platten, die auf eine hölzerne Unterkonstruktion montiert wurden. Bei allen Platten wurde auf einen einheitlichen Abstand der Zwischenstreben geachtet, damit die Flechtungen eine gleichmäßig verlaufende Grafik erkennen lassen. Achten Sie auch auf den „Weg", der zu der Bank führt. Er ist schlicht aus der blühenden Wiese herausgemäht worden. Besonders bei größeren Grasflächen können Sie faszinierende Mähbilder entstehen lassen, die Ihnen ganz nebenbei mehr Zeit auf der Bank erlauben.

SITZPLATZ-DETAILS

Patina *(ital. Patina, dünne Schicht)*
Durch Alterung verändern sich Oberflächen in Struktur und Farbe. Mal ist dies unerwünscht, weil es vergammelt und schmutzig wirkt, mal verleiht es einem Objekt erst die richtige Aura des Vergänglichen. Patina auf Gegenständen ist in älteren Gärten ein maßgeblicher Wirkungsträger, ohne den sich die verträumte Villenparkatmosphäre nicht wirklich einstellen würde. Neu hergestellte klassische Objekte werden sogar einer speziellen Behandlung unterzogen, damit sie „historisch" aussehen. Schauen Sie beim nächsten Mal also ruhig noch ein zweites Mal hin und entscheiden erst dann, ob das Moos in den Fugen des Natursteinpflasters unter dem Baum nicht eigentlich recht hübsch wirkt oder ob Sie es tatsächlich „wegkärchern" wollen.

Perspektivenwechsel Vermutlich ist die Achse schon ein wenig eingerostet und die Tage regelmäßiger Gartenrundfahrten des Gärtners mit seiner Liebsten sind längst Geschichte. Wäre es nicht interessant zu erfahren, welche Reisegeschichten diese schlichte, dunkelgrüne Bank mit ihrem mächtig großen, roten Rad so erlebt hat? Möglicherweise aber tatsächlich nur, wie das schwere Sitzgerät vom Schatten in die Sonne manövriert wurde. Jedenfalls gibt sie jetzt einen prächtigen Blickfang ab – mit ihren Kratzern und den Algenspuren in den Winkeln. Heute setzt die Bank vielleicht ja umgekehrt so manchen Gartenbesucher in Bewegung – nämlich, um sich dieses charmante Holzkonstrukt einmal aus der Nähe anzuschauen.

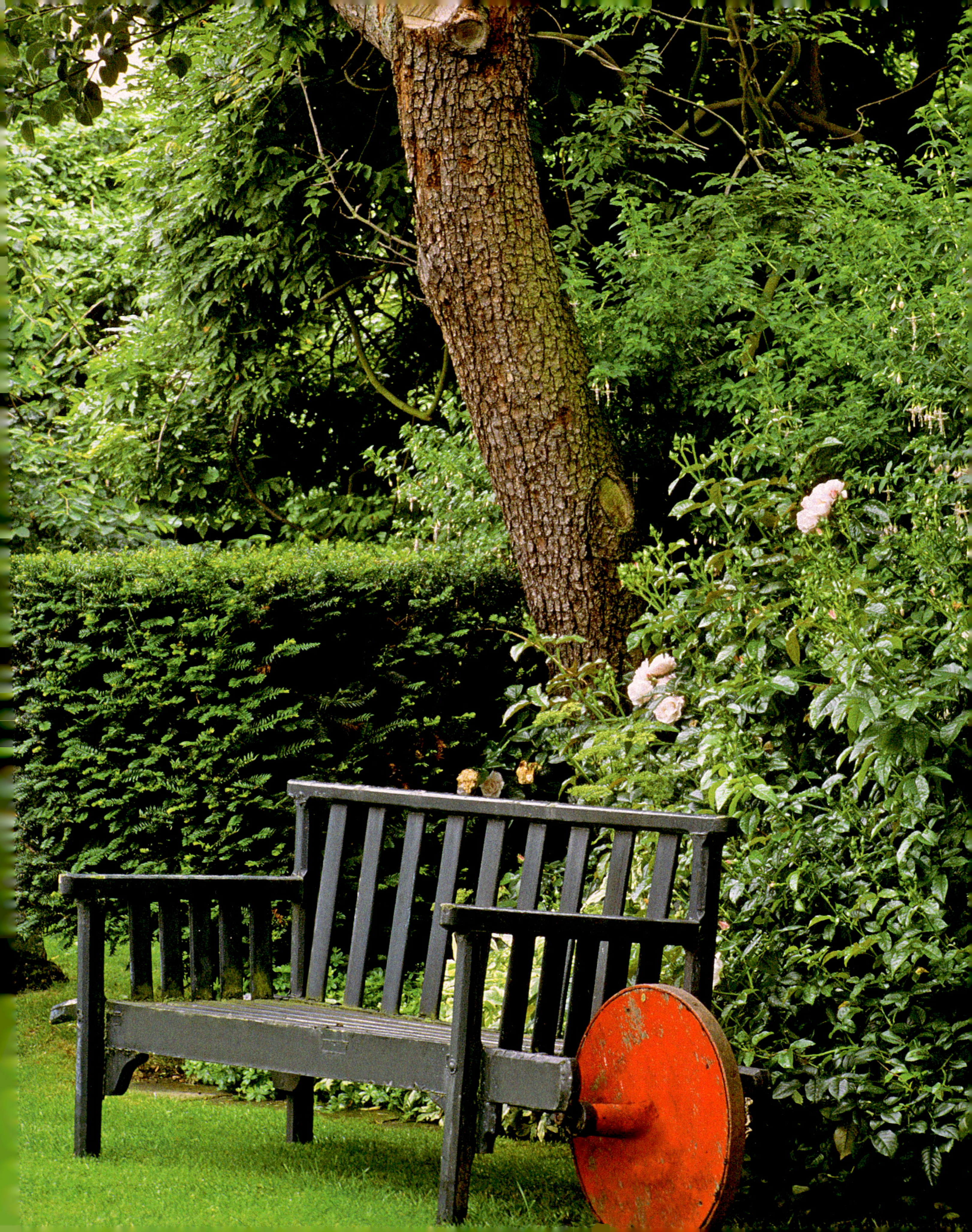

Central Park   Auf den ersten Blick sieht es harmlos aus, aber hier wurde eine knifflige Aufgabe gut gelöst. Ein Sitzplatz wurde offen in die Mitte des Gartens verlegt, ohne beliebig platziert zu wirken. Orientierungshilfen sind hierbei die Buchsbaumhecken. Sie unterteilen den Gartenraum in Zonen und führen zum Zentrum, dem Sitzplatz. Naturstein-Großpflaster bildet die äußeren Ringe des Belages, der dann im Sitzbereich auf Kleinpflaster wechselt. Auch er markiert so sein eigenes Zentrum und wirkt beinahe wie ein runder Teppich unter dem Tisch.

> **TIPP**
>
> *Schlingpflanzen klettern, indem sie sich dicht um eine Kletterhilfe pressen und nach oben winden. Ihr Klettergerüst sollte genügend Stabilität aufweisen, um diesem Anpressdruck standzuhalten. Schon so manches Fallrohr an der Hauswand hat da seine Verbeulung davongetragen, weil es unbeabsichtigt als Kletterhilfe herhalten musste. Dass Schlingpflanzen oder Efeu aber ausgewachsene Bäume erwürgen, gehört in die Welt der Sagen.*

Traumhaus   Wenn Sie offen sind für nostalgische Stimmungen, dann dürfte Ihnen dieser viktorianische Rosenpavillon gefallen. Schön gearbeitet ist er allemal. Bereits wenn er neu aufgestellt wird, überstrahlt der Pavillon einladend den Rosengarten. Sein filigranes Dach vermittelt von Beginn an Geborgenheit und verspricht einen verträumten Nachmittag. Die hochwertige Konstruktion bietet aber auch den Kletterrosen ein sicheres Zuhause. Sie finden guten Halt und werden rasch eine duftige Laube bilden. Bei der Möblierung wurden leichte, stilgerechte Klappstühle gewählt. Ihr blauer Anstrich ist ein freundlicher Farbengruß. Kletterrosen wachsen sehr locker um ein Gestell herum. Ihren Halt finden sie, indem sich ihre Stacheln dabei ineinander verhaken. Kletterrosen sollten daher immer auch genügend seitlichen Platz finden, um sich etwas auszubreiten.

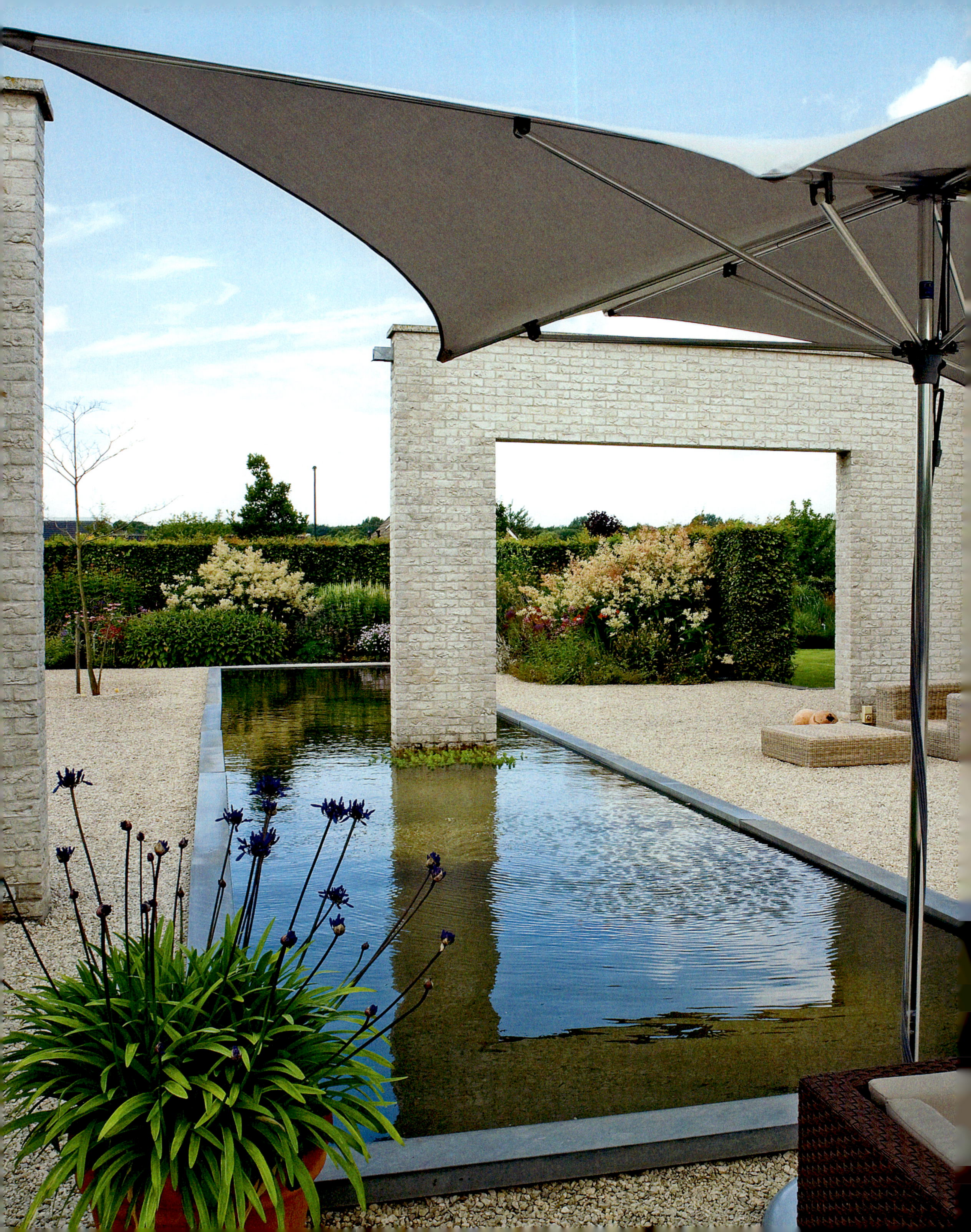

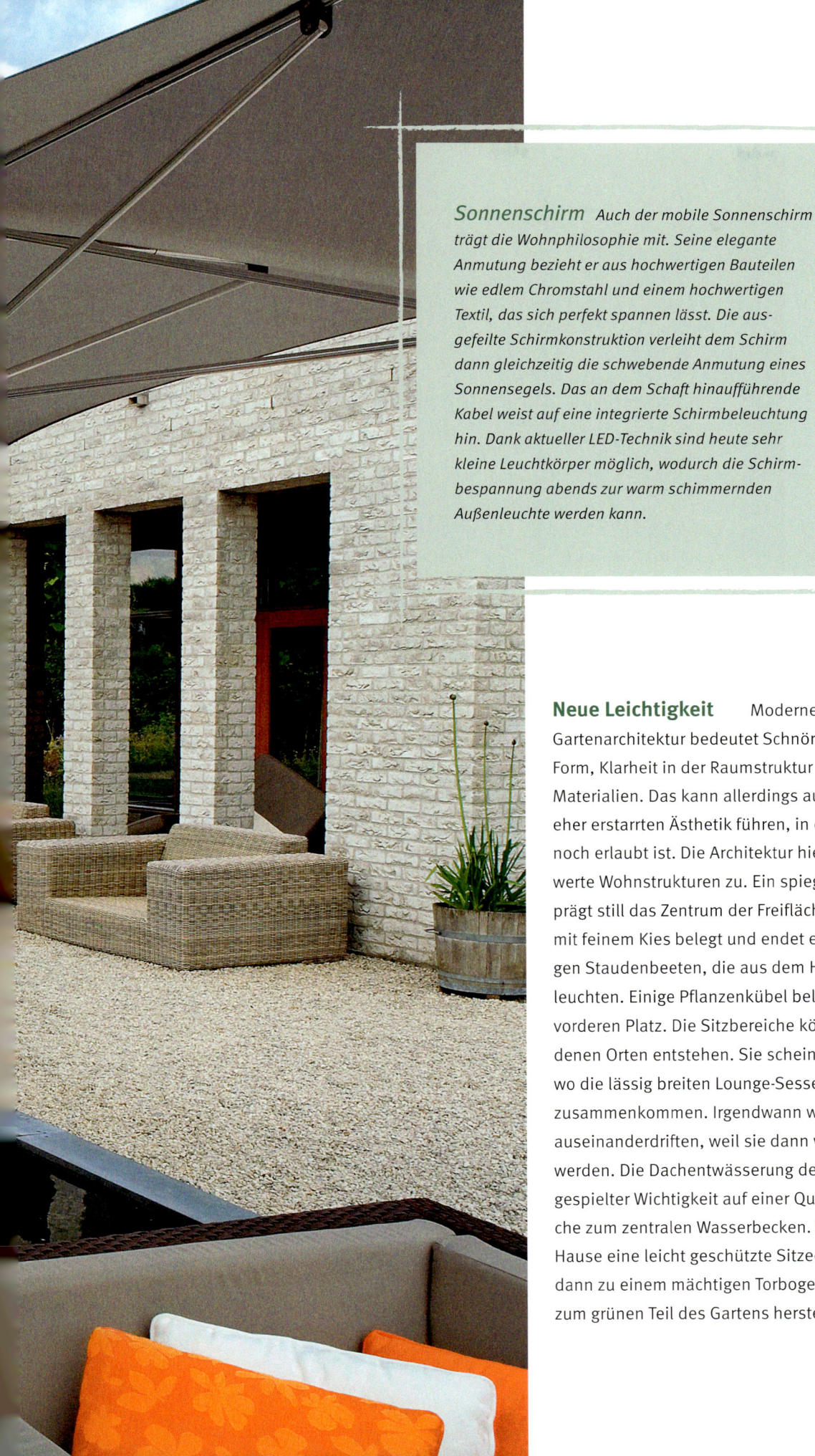

Sonnenschirm Auch der mobile Sonnenschirm trägt die Wohnphilosophie mit. Seine elegante Anmutung bezieht er aus hochwertigen Bauteilen wie edlem Chromstahl und einem hochwertigen Textil, das sich perfekt spannen lässt. Die ausgefeilte Schirmkonstruktion verleiht dem Schirm dann gleichzeitig die schwebende Anmutung eines Sonnensegels. Das an dem Schaft hinaufführende Kabel weist auf eine integrierte Schirmbeleuchtung hin. Dank aktueller LED-Technik sind heute sehr kleine Leuchtkörper möglich, wodurch die Schirmbespannung abends zur warm schimmernden Außenleuchte werden kann.

Neue Leichtigkeit Moderne Architektur und Gartenarchitektur bedeutet Schnörkellosigkeit in der Form, Klarheit in der Raumstruktur und Reduktion der Materialien. Das kann allerdings auch schnell zu einer eher erstarrten Ästhetik führen, in der Wohnlichkeit kaum noch erlaubt ist. Die Architektur hier lässt ruhige, lebenswerte Wohnstrukturen zu. Ein spiegelndes Wasserbecken prägt still das Zentrum der Freifläche. Sie wurde großzügig mit feinem Kies belegt und endet erst vor den prächtigen Staudenbeeten, die aus dem Hintergrund herüberleuchten. Einige Pflanzenkübel beleben ergänzend den vorderen Platz. Die Sitzbereiche können hier an verschiedenen Orten entstehen. Sie scheinen sich da zu ergeben, wo die lässig breiten Lounge-Sessel gerade spontan zusammenkommen. Irgendwann werden sie wohl wieder auseinanderdriften, weil sie dann woanders gebraucht werden. Die Dachentwässerung des Gebäudes führt mit gespielter Wichtigkeit auf einer Querwand über die Freifläche zum zentralen Wasserbecken. So bildet die Wand am Hause eine leicht geschützte Sitzecke und wandelt sich dann zu einem mächtigen Torbogen, der die Verbindung zum grünen Teil des Gartens herstellt.

SITZPLATZ-DETAILS

Schirmbefestigung Damit klobige Sonnenschirmfüße nicht mehr länger im Weg stehen, sind runde und rechtwinklige Terrassentische mit einer speziellen Schirmhaltevorrichtung in der Mitte der Tischplatte erhältlich. Wird der Terrassenbelag erst noch verlegt, kann auch eine spezielle Führungshülse in den Untergrund betoniert werden. Dann sind Sie mit der Standortwahl des Schirmes etwas flexibler. Testen Sie aber immer sorgfältig den Schattenwurf zu der für Sie relevanten Hauptnutzungszeit.

Pflasterung von Kreisformen Zur Herstellung einer Kreisform werden Pflastersteine kreisförmig von außen zum Mittelpunkt hin verlegt. Ein fest in den Boden getriebener Stahlnagel markiert den exakten Mittelpunkt. Eine Schnur wird über eine Schlaufe am Stahlnagel befestigt. Mit ihr können Sie nun wie bei einem überdimensionalen Zirkel laufend die gepflasterte Kreisform kontrollieren.

Im Mittelpunkt Dieser Sitzplatz wurde ein Stück weit in den Garten verlegt, um mehr Durchgangsfreiheit am Haus zu erhalten. In Kreisform angelegt, hebt sich der Pflasterbelag des Sitzplatzes deutlich von dem Reihenverband am Haus ab. Die runde Form unterstreicht auch das breite Lavendelband, das genügend Platz für eine Reihe Rosenhochstämmchen bietet. Den Mittelpunkt des Sitzplatzes markiert ein breiter Sonnenschirm. Seine zentrale Wirkung verstärkt sich noch durch seine Aufstellung in der Mitte des runden Terrassentisches. Sehr vorteilhaft ist bei dieser Schirmbefestigung, dass der Schirmfuß nirgendwo mehr im Wege steht. Nachteilig ist jedoch je nach Sonnenstand seine eingeschränkte Schattenwirkung am Tisch.

Very British Große, fantasievoll geschnittene Eibenkörper sind noch immer das Markenzeichen für den formvollendeten britischen Landgarten. Die Kugelformen der Heckenskulptur wurden bei diesem Sitzplatz mit Hilfe von runden Pflanzkübeln weiter auf den Sitzplatz herangetragen. Selbstverständlich gedeihen in ihnen prächtige Kugeleiben. Da ist es naheliegend, auch den Sitzplatz rund auszupflastern. Die schon etwas anspruchsvollere Verlegeart des Klinkersteins zeigt, dass hier ein Könner am Werke war.

> **TIPP**
>
> *Ist bei Wegeflächen gebrannter Ton gewünscht, werden die sogenannten Klinker verbaut. Sie sind dichter und härter als ein gewöhnlicher Mauerziegel und dadurch für höhere Belastungen geeignet. Klinkersteine gibt es je nach Tongrube in allen erdenklichen Erdfarben von Hellgelb über Rot, Braun, Grau bis Dunkelanthrazit. Um Kalkausblühungen zu reduzieren, sollten Sie bei Verfugungen immer Trasszement einsetzen. Auf dem rechten Bild sehen Sie einen dunkelbraunen Klinker im sogenannten Fischgrätverband.*

Auf Tuchfühlung Sonnensegel sind zu Recht sehr beliebt, weil sie eine besonders leicht wirkende Form der Beschattung darstellen. Aufgrund ihrer vielseitigen Anpassungsfähigkeit eignen sich die Textilien auch für komplizierte Bereiche wie kleine Nischen an Gebäudewänden. Anspruchsvoll kann jedoch schnell die Verspannungstechnik des Segels werden. Auf dem Bild sehen Sie eine einfach nachzubauende, temporäre Lösung für den schnellen Auf- und Abbau. Das Segel in einem warmen Erdton ist glatt, ohne kunstvolle Wölbungen gespannt. Es weist eine leichte Neigung auf, damit Regenwasser zügig ablaufen kann. Die schnell aufzustellenden Pfosten stehen weit genug vom eigentlichen Geschehen entfernt und nehmen die Spannseile auf. Schauen Sie, wie das pflegeleichte Segel ein angenehm warmes Licht auf die kühl glänzenden Oberflächen der Edelstahlmöbel wirft – und das schon im zeitigen Frühjahr.

SITZPLATZ-DETAILS

Mobile Schirmständer Sehr empfehlenswert sind mobile Schirmständer, da sie leicht dem Sonnenstand anzupassen sind und schnell geräumt werden können, wenn sie im Wege stehen. Es gibt mobile Füße für jedes Schirmformat. Bei größeren Schirmen sind entsprechend schwere Füße erforderlich, die sich jedoch dank großer, versteckt eingebauter Rollen und eines ausgeklügelten Hebelsystems sehr leicht bewegen lassen.

Holzdeckverarbeitung Holzdecks wirken dann besonders edel, wenn ihre Befestigung von oben unsichtbar an den Dielenseiten erfolgte und die Dielenoberfläche glatt gehobelt ist. Die Rutschgefahr ist auf ihnen bei Nässe zwar etwas höher, dafür lassen sie sich besser sauber halten als geriffelte Bretter.

Single-Treffen Es genügen auch oft nur einige wenige Elemente, um dem Garten Leben einzuhauchen. Insbesondere wenn Sitzmöbel eine erhöhte Designqualität aufweisen, darf ihr Umfeld nicht zu stark von ihnen ablenken. Die beiden mit feinem organischen Schwung geformten Liegeschalen bekommen hier ihre gerechte Aufmerksamkeit. Ihre Eigenständigkeit bleibt erhalten, wobei der ihnen zugeordnete Sonnenschirm auf der offenen Präsentationsfläche eine freundliche Prise Behaglichkeit beisteuert. Mit kleinen Rollen ausgestattet, kann der mobile Schirm schnell jede andere Position einnehmen und auf den Sonnenverlauf oder eine veränderte Konstellation der Sitze reagieren. Achten Sie auch auf die Kugelleuchten im Hintergrund. Sie sind ein weiteres Pärchen Einzelobjekte in diesem Garten.

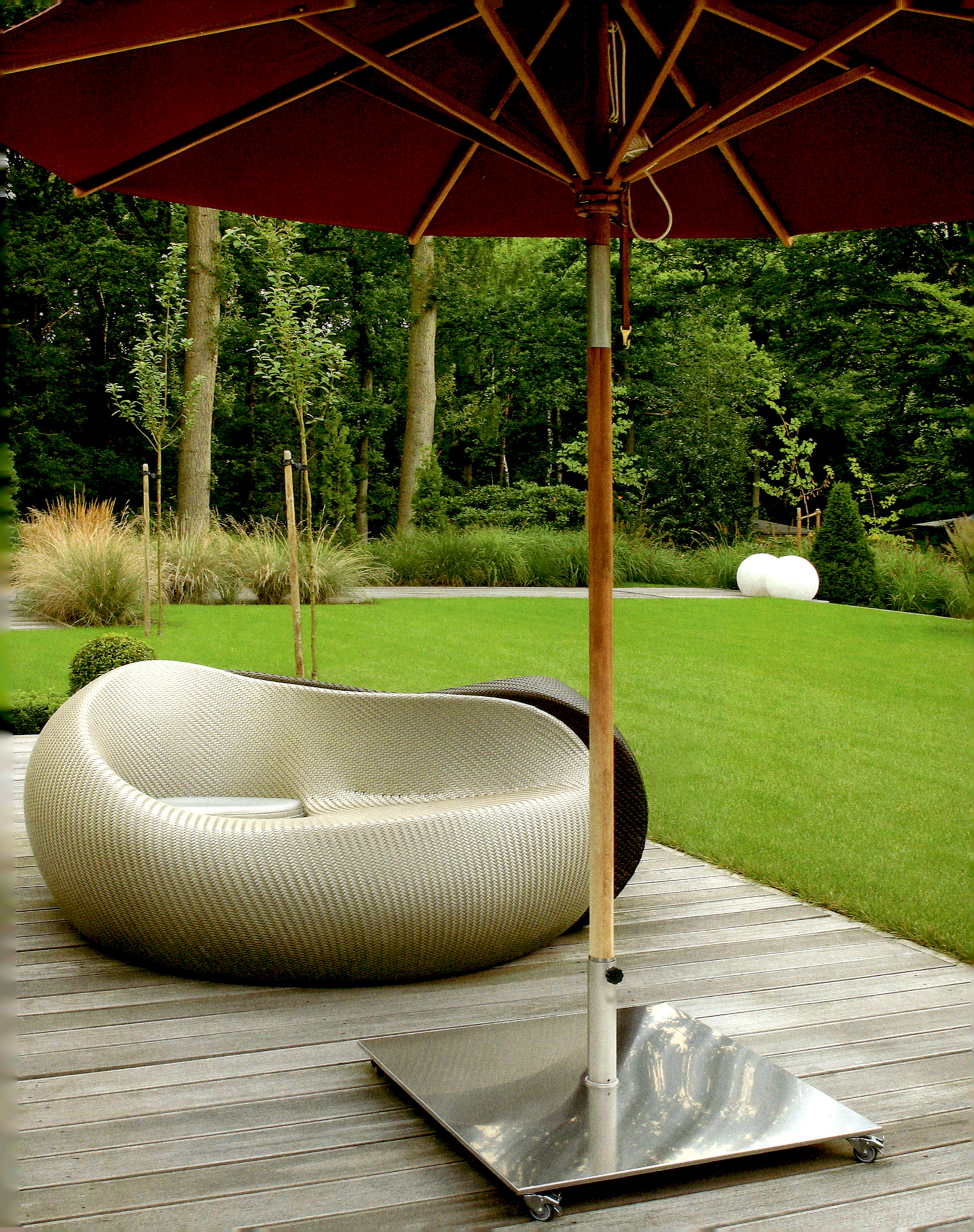

Gut behütet   Je weiter abgelegen sich ein Sitzplatz befindet, umso hilfreicher ist eine wetterfeste und trockene Unterbringungsmöglichkeit für Sitzkissen – oder auch die gesamten Möbel, wenn sie etwas empfindlicher sind. Etwas kostenaufwendiger als die üblichen Gartenhäuser von der Stange sind solche Pavillons zwar, aber schauen Sie, welche Bereicherung für den Garten damit möglich wird. Ein stilgerechtes Design findet sich für jeden Geschmack und ein hübsch anzusehendes Häuschen wie dieses bietet bereits ein perfektes Umfeld für den gemütlichen Sitzplatz davor. Doch auch der Pavillon steht nicht verloren im Garten herum. Er wird wiederum von größeren Gehölzen schützend in die Mitte genommen. Was für ein warmes Frühlingsbild dies doch ergibt!

Gut behütet

Untergrundstabilität Pavillons haben ein beträchtliches Eigengewicht und benötigen insbesondere im Bereich der Gebäudewände einen stabilen Untergrund. Wenn Sie darauf verzichten, kann Ihnen das Öffnen von Türen und Fenstern schnell Probleme bereiten.

Innenklima Soll der Pavillon auch als Lager für Stoffpolster dienen, darf der Untergrund keine Feuchtigkeit aus dem Erdreich mehr zulassen und benötigt einen dichten Belag beispielsweise aus Betongartenplatten. Achten Sie dann ebenfalls auf eine gute, konstante Belüftung des Innenraums, jedoch ohne den tierischen Bewohnern des Gartens dadurch einen mietfreien Unterschlupf zu ermöglichen.

Sommer-Gast-Stätte Je weiter sich der Trend zu wohnlichen Gärten entwickelt, desto mehr werden bestimmte Lebensgewohnheiten nach außen verlagert. Kein Wunder, dass auch einer der wichtigsten Familientreffpunkte im Haus, die Küche, sich zunehmend auch draußen wiederfindet. Bei der Einrichtung der Küche ist selbstverständlich darauf zu achten, dass alle Bauteile und Gerätschaften witterungsbeständig oder durch entsprechend gestaltete Abdeckungen und Überdachungen vor

TIPP

Die Versorgung mit Strom und Wasser sollte frühzeitig bedacht werden. Für Wasser, Gas und auch Abwasser müssen nicht unbedingt Leitungen verlegt werden, es sind auch mobile Lösungen aus dem Campingbereich möglich. Diese sind dann aber auch nicht frostsicher und müssen vor Wintereinbruch im Keller deponiert werden.

Staub, Regen sowie Frost geschützt sind. Hierzu eignen sich Systemwissen und Bauteile aus dem Wintergartenbau und der Solararchitektur. Wenn Sie in der Garage oder im Haus über genügend Lagerfläche verfügen, kommen auch temporäre Installationen in Frage. In diesem Fall hätten Sie natürlich eine größere Auswahl bei den Geräten. Sie sollten dann aber ebenfalls die Wirkung des später geräumten Küchenbereichs planen, sonst wird Ihre Terrasse nach der Räumung plötzlich langweilig oder gar unansehnlich. Eine gute Empfehlung sind Pflanzkübel, die dann auf der Terrasse neu arrangiert werden können. Auch bei der Lichtplanung sollten Sie die unterschiedlichen Raumsituationen im Blick behalten.

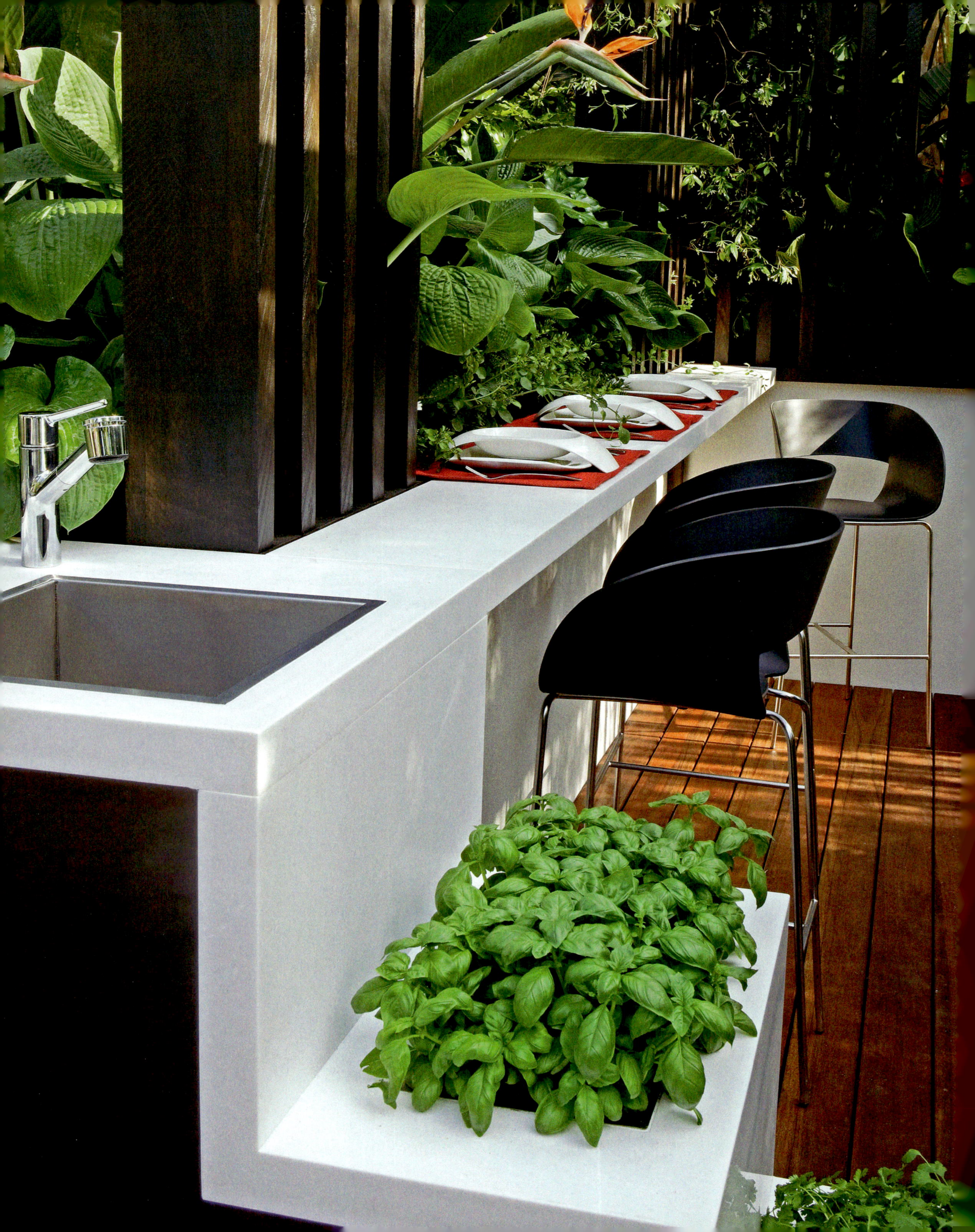

Mini-Bar Selbst auf kleineren Terrassen ist Platz für einen Küchenbereich. Es müssen ja nicht gleich ganze Kochwettbewerbe veranstaltet werden. Hier wurde auf kleinster Fläche eine ausgesprochen elegante Thekenlösung gefunden. Sie bietet genügend Raum, um im kleinen Kreis zu speisen und sich ein wenig zu verplaudern. Bemerkenswert sind die senkrechten Elemente aus dunkel lasiertem Holz. Die längsseitig hintereinander angeordneten Planken sind stark genug, eine mögliche Überdachung aufzunehmen, wirken aber dennoch leichtfüßig und transparent. Wie Fensterausschnitte geben sie den Blick in den dahinterliegenden Garten frei. Eine solche Lösung würde sich ebenfalls bei einer massiven Mauer als Wandgestaltung eignen, wenn ein größerer Abstand zwischen Theke und Wand gewünscht ist. In diesem Bereich ist zudem eine indirekte Beleuchtung vorstellbar. Das dunkle Holz steht in einem reizvollen Kontrast zum frischen Weiß der Thekenverkleidung. Diese Farbgebung empfehle ich Ihnen allerdings nur in absolut regengeschützten Situationen, sonst würde die Theke für Sie zum echten Pflegefall werden.

Ein sehr schönes Detail ist das integrierte Kräuterbeet im Vordergrund. So springt der Garten einmal auf die Vorderseite der Theke. Perfekt zu Ende gedacht ist die breite Rahmung des Beetes, das so zu einem zweiten, abgestuften Thekenkörper wird und nicht nur ein schlicht angesetzter Beetkasten ist.

> **TIPP**
>
> *Wie ein Blumentopf benötigt jedes Einbaubeet eine gut funktionierende Entwässerung. Damit Überschusswasser nicht unkontrolliert hinter der Verkleidung auf den Boden läuft, wird an die Entwässerungsöffnung ein dünner Gartenschlauch angeschlossen. So kann das Wasser bis zum nächsten offenen Pflanzbeet geleitet werden. Schützen Sie den Schlauchanschluss mit einem Stück Geotextil gegen Substrateinspülungen.*

Kräuterpflanzbeet Ein aromatisch duftendes Kräuterbeet in Küchennähe „muss" sein. Wenn Sie es dann im Vorbeigehen berühren, duftet es wie bei „Antonio's" ... Hierzu eignen sich alle mediterranen Kräuter, die nicht ins Unermessliche wuchern. Dazu zählen u. a. das hier abgebildete Basilikum, Salbei, Rosmarin und Thymian. Das Substrat sollte bei ihnen auch in einem kleinen Beet immer drainfähig sein. Sehr gut eignet sich dazu eine Mischung aus Kompost und grobem Lavasand.

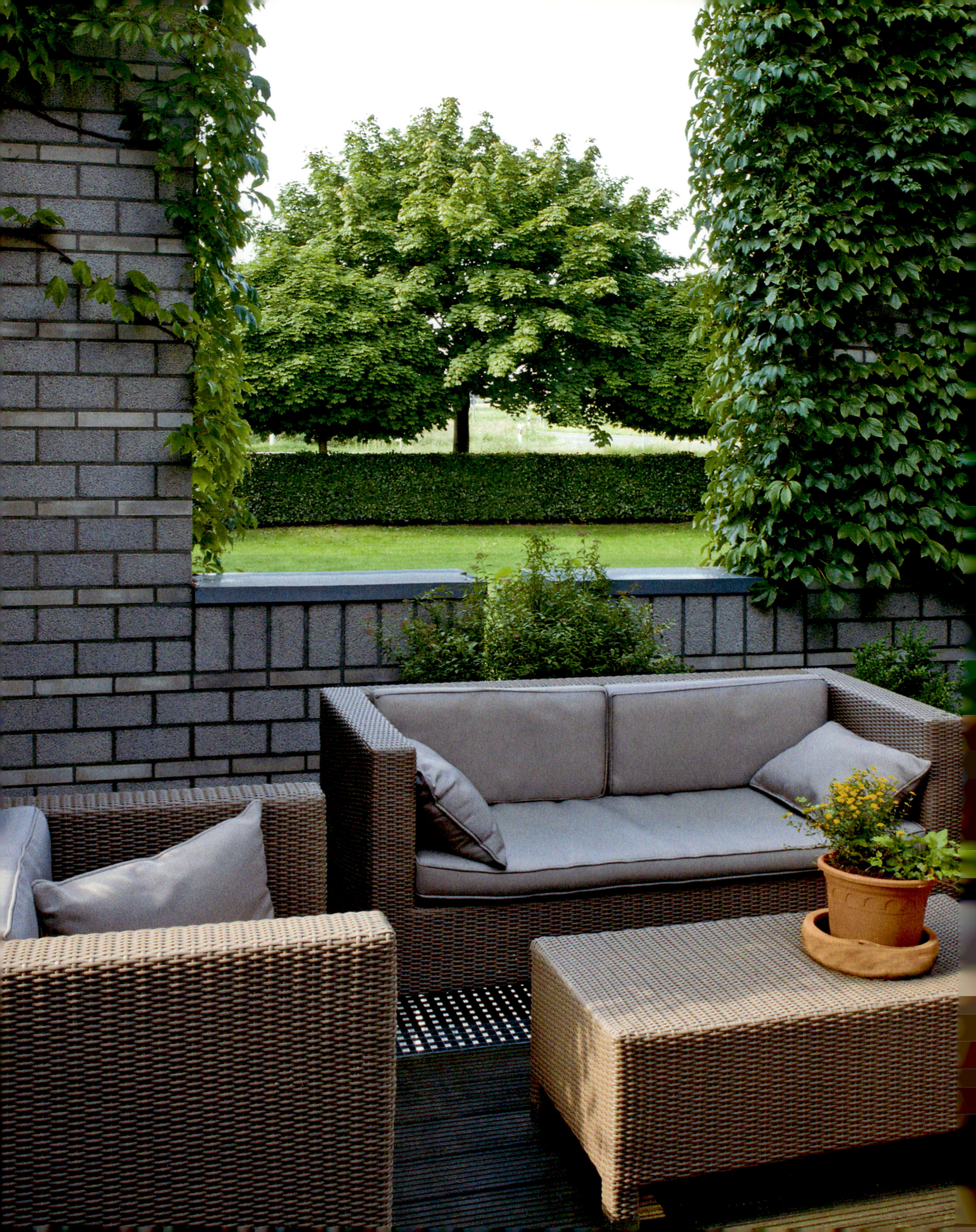

> ### Gehölze mit besonders schöner Herbstfärbung
> *Kolchischer Ahorn (Acer cappadocicum, goldgelb)*
> *Blumen-Hartriegel (Cornus kousa, rot)*
> *Korkspindelstrauch (Euonymus alatus, feuerrot)*
> *Gold-Gleditschie (Gleditsia triacanthos 'Sunburst', reingelb)*
> *Amberbaum (Liquidamber styraciflua, buntrot)*
> *Scharlach-Kirsche (Prunus sargentii, orangerot)*
> *Scharlach-Eiche (Quercus coccinea, scharlachrot)*

Landschaftsbild Je besser Sitzplätze einen gewissen Schutz bieten, umso beliebter sind sie. Doch ein Sitzplatzschutz braucht nicht vollständig geschlossen zu sein. Im Gegenteil: Damit der Bezug zum Garten erhalten bleibt, sollten Sie immer zunächst prüfen, welche Schutzmaßnahmen tatsächlich notwendig sind und wie sie erreicht werden könnten. Bei sorgfältiger Vorgehensweise gelingt es wie bei diesem Beispiel, eine schon fast wohnraumähnliche Situation zu gestalten, ohne dass Langeweile aufkommt. Der Bereich bietet komfortablen Windschutz und neugierige Blicke fallen nicht mehr auf die Sitzenden. Doch wer Platz nimmt, bleibt in Kontakt mit dem Garten. Als wäre er auf eine Leinwand gebannt oder von einem Fenster gerahmt, genießt der Baum in der Ferne sicher immer wieder neu die Aufmerksamkeit der Sitzplatznutzer, wenn er sich im Verlauf der Jahreszeiten verwandelt und im Herbst sogar ein wahres Feuerwerk zünden wird. Unterstützung erhält er dabei von Weinranken, die sich durch den Fensterausschnitt mogeln.

Schwarz auf weiß Designliebhaber stehen heute vor einer schier unendlichen Auswahl an attraktiven Sitzgelegenheiten. Die Wahl wird dann zur Qual, wenn für die Terrasse eine neue Ausstattung benötigt wird und „eigentlich alles" gefällt. Nehmen Sie doch zumindest „mehreres". Neben einer einzigen Gestaltungslinie könnten Sie dann eine Kombination gegensätzlicher Charaktere kreieren. Hier wurde auf klare Kontraste gesetzt. Eckig hart gegen organisch weich, Schwarz … mit Weiß. So wird die Sitzecke zum kleinen Kunstwerk. Natürlich sollte aber auch frisches Grün nicht fehlen. Auf einer kleineren Terrasse benötigen Sie Pflanzen, die sich bei Berührung weich und flexibel zurücklehnen können. Bambus heißt die Empfehlung.

Glasklar Möbel können von einem weniger interessanten Umfeld ablenken. Wenn Sie jedoch vor der umgekehrten Aufgabe stehen, helfen Ihnen Möbel, die entweder sehr filigran gearbeitet oder möglichst unsichtbar sind. Diese transparente Lounge-Garnitur besetzt den Vordergrund zwar eigentlich gar nicht unauffällig, aber ihre sichtbare Leichtigkeit und klare Form lässt den Betrachter dennoch schnell weiterschauen. In engen Innenhöfen benötigen Sie als Blickschutz immergrüne Pflanzen mit frischem, hellem Grün.

TIPP

Nahezu alle Bambusarten benötigen einen Pflanzkübel oder eine sogenannte Rhizomsperre, damit sich ihre stark wuchernden Ausläufer nicht uneinholbar im Garten ausbreiten. Dazu wird eine starke Kunststofffolie senkrecht in einen Graben gestellt, der den gewünschten Wuchsbereich des Bambus umschreibt. Die Folie wird dann zusammengeführt, durch zwei Aluminiumschienen in die Zange genommen und fest verschraubt. Bei einem Bambus können Sie jedoch auf die Sperre verzichten: Fargesia murielae.

Lückenbüßer Vielleicht war ja tatsächlich einmal ein erkrankter Buchsbaum in der Hecke der Auslöser für die Idee. Doch nun ist es nur schön anzusehen, wie seine geschwungene Deckfläche dem Holzklotz eine leichte Beschwingtheit verleiht, wobei sich gleichzeitig auch eine bequeme Sitzmulde herausbildet. Verstärkt wird die Wirkung noch durch feine Wellenverläufe, die über die gesamte Vorderseite pulsieren. Aber das ist noch nicht das Ende der Bewegung. Der schwunghafte Elan des Klotzes überträgt sich auf die formale Buchsbaumhecke. Sie übernimmt die aufstrebende Kurve und führt sie weiter. So wachsen die beiden sonst so starren Körper zu einer wogenden Skulptur zusammen und es stellt sich nun doch die Frage, wer eigentlich zuerst da war, der Klotz oder die Hecke.

> **TIPP**
>
> *Wenn Sie Ihre eigene Sitzskulptur anfertigen wollen, benötigen Sie neben gut geschärftem Holzwerkzeug auch einige Schnitzeisen. Als Schnitzholz eignen sich kurzfaserige, homogene Holzsorten. Bei Profis sehr beliebt ist Lindenholz; ebenfalls geeignet sind Pappel, Birke, Eiche und Obsthölzer. Anfänger sollten sich nicht gleich die harte Eiche zumuten.*

Blockbauweise   Holzbänke können auch anders. Besonders eindrücklich zeigt dieses Beispiel, welche Eleganz schlichten, robusten Holzobjekten innewohnen kann. Die Köpfe zeigen stolz ihre Jahresringe, die zahlreichen Risse wirken nur authentisch und selbst die dunklen Wasserflecken stören niemanden mehr. Die vier auf einfache Weise bearbeiteten Holzbalken wurden wie große Bauklötze zusammengestellt. Die kleinen Aussparungen in den Auflagebalken genügen, um der Bank vollständige Stabilität zu verleihen. Insbesondere die Passgenauigkeit, mit der die Einzelteile ähnlich der Blockhaustechnik zusammengefügt wurden, lässt die handwerkliche Qualität dieser minimalistischen Holzskulptur erkennen.

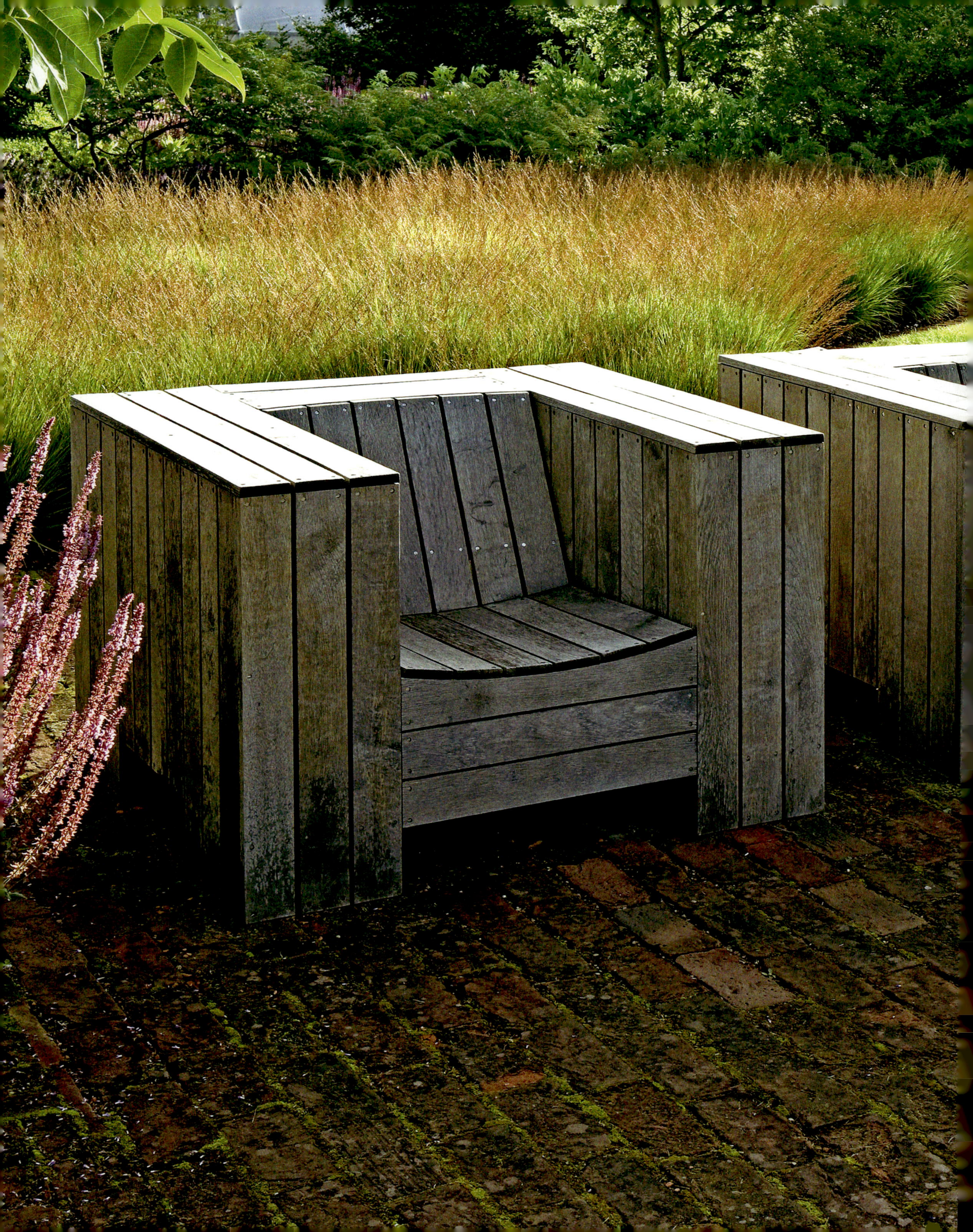

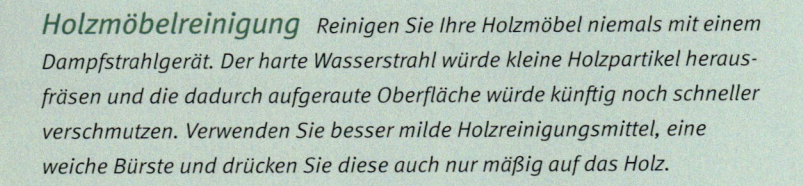

Holzmöbelreinigung Reinigen Sie Ihre Holzmöbel niemals mit einem Dampfstrahlgerät. Der harte Wasserstrahl würde kleine Holzpartikel herausfräsen und die dadurch aufgeraute Oberfläche würde künftig noch schneller verschmutzen. Verwenden Sie besser milde Holzreinigungsmittel, eine weiche Bürste und drücken Sie diese auch nur mäßig auf das Holz.

Ziegelpflaster Einfache Mauerziegel sind aufgrund ihrer geringen Belastbarkeit für Belagsflächen nur bedingt geeignet. Wo ihr rustikaler Charme und ihre stärkere Neigung zum Moosansatz nicht stört oder gar gewünscht ist, sind sie jedoch das Mittel der Wahl.

Ziergräser Ziergräser sollten in keinem Garten fehlen, denn sie bringen Struktur in die Pflanzflächen und bieten auch im Winter einen reizvollen Anblick. Scheuen Sie sich nicht, Gräser in größeren Gruppen einzusetzen, ihre flächige Wirkung ist einzigartig harmonisch. Die dadurch in ihrer Zahl reduzierten Stauden sind nicht zur Unscheinbarkeit verdammt. Als farbig heraustehende Blütenlieferanten wird ihnen zwischen den ruhigen Grasbildern oft sogar eine größere Aufmerksamkeit zuteil.

Landsitz Hier eine weitere Variante des kunsthandwerklichen Möbelbaus. Die Formensprache zitiert den kultivierten Lounge-Sessel, das Material ist jedoch rustikal und ursprünglich. Aus dieser Spannung erwuchsen zwei schöne, funktionale Sessel. Die hohe Handwerksqualität erschließt sich schnell. Schauen Sie, wie die Sitzschalen einem ergonomischen Bogen folgen. Alle Lattenabstände und Verschraubungen verlaufen in präzisen Linien. So erhalten die Möbel ihre klare Grafik. Die hölzernen Fauteuils stehen allerdings nicht in einem wohlgepflegten Salon, sondern in freier Natur. Doch die Aura der elegant anmutenden Clubsessel überträgt sich. So strahlt die Wiese plötzlich eine gewisse Wohnlichkeit aus. Die Ziergräser im Hintergrund verstärken diese Wirkung noch, indem sie das Landschaftsbild ordnen.

SITZPLATZ-DETAILS

Schindeldach Das klassische Schindeldach besteht aus zahlreichen Holzbrettchen, die dicht aneinandergereiht auf Querlatten aufgenagelt werden. Wie bei einer modernen Dachpfanne überlappen die Schindeln sich in gleichmäßigen Abständen, was zu dem typischen Bild der stufenweisen Schichtungen führt. So kann Niederschlagswasser über die Abstufungen nach unten abfließen, aber nicht in die offenen Schlitze kriechen. Da die Schindellagen sich von unten nach oben aufbauen, ist der obere Dachabschluss mit einem Dachfirst ein sensibler Punkt. Hier entscheidet sich die künftige Dichtigkeit des Daches. Der Dachfirst wird gerne kunstvoll mit einem Emblem verziert.

Schindelfantasien Individuelle Eigenkreationen erzählen oft etwas über ihre Schöpfer. So versteht der Gestalter dieses Sitzplatzes ganz offensichtlich das Dachdecken und muss in der Welt schon ein wenig herumgekommen sein. Entfernt erinnert die Überdachung des farbenfrohen Sitzplatzes an den Bug eines mächtigen Bootes aus dem tiefen Süden. Seine ungewöhnliche elliptische Form forderte eine nicht alltägliche Lösung für die Dachkonstruktion. Die gewählte Schindeldachtechnik birgt den Vorteil, dass die kurzen Holzabschnitte dem rundlichen Dachverlauf sehr gut folgen können. So entsteht ein wohlgeformtes Dach. Auch wenn die Vorderkante eine dicke Mehrfachschichtung der Schindeln suggerieren soll, so handelt es sich doch lediglich um eine Schindellage.

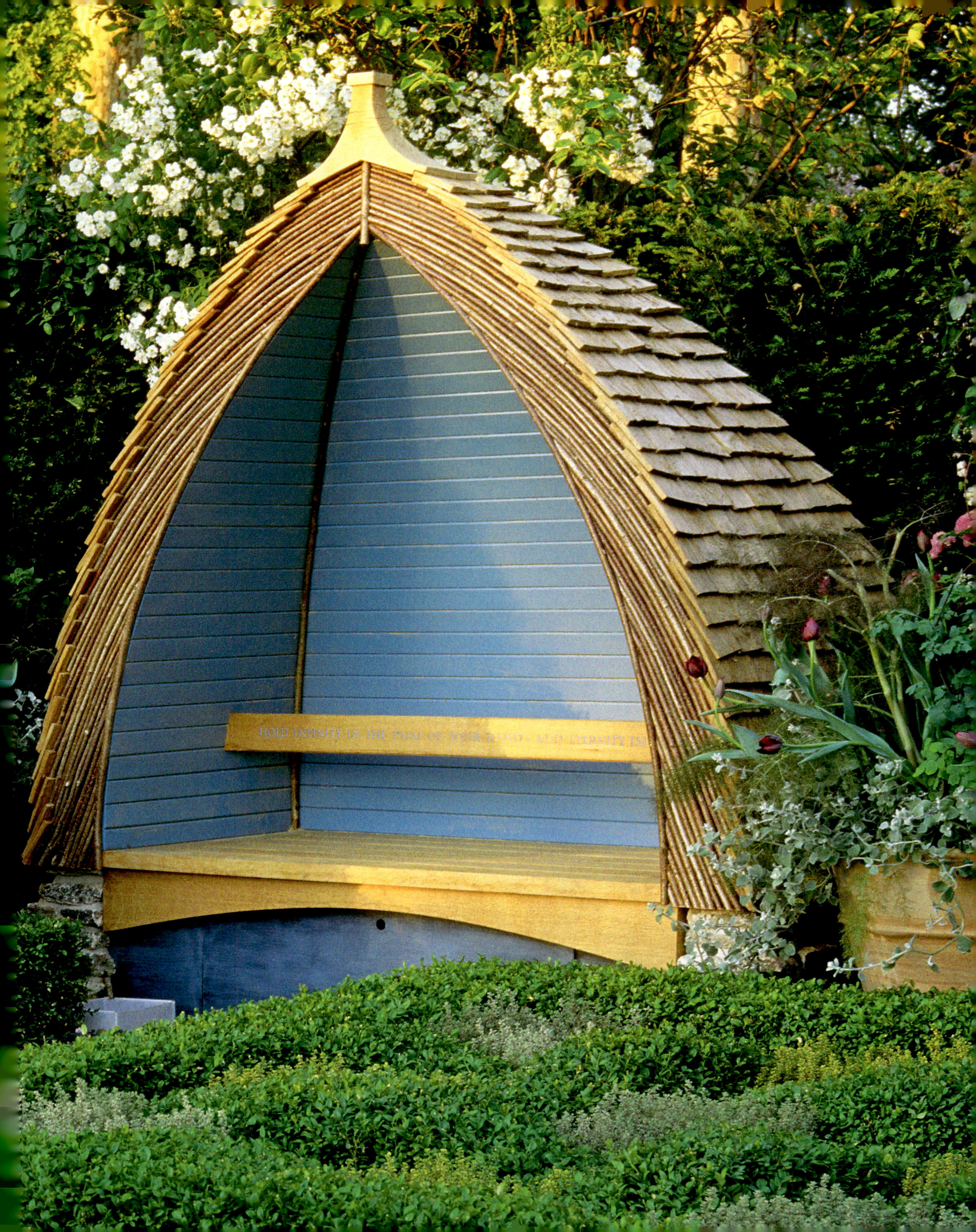

Aus einem Guss Ein sicherlich nicht alltäglicher Pavillon wurde für diesen Garten geplant. Hier wurden beschichtete Paneele eingesetzt, die wie massive Bronzeplatten wirken. Bei der Montage wurde zunächst ein Stahlrohrgerüst aufgebaut, an dem die einzelnen Paneele dann mit einem ausgeklügelten Verschraubungssystem befestigt wurden. Durch ihre abgewinkelte Ausführung erhält jede senkrechte Wand eine gewisse zusätzliche Standfestigkeit. Bedeutender ist jedoch die gestalterische Wirkung der abgewinkelten Bauteile. Sie verleihen den mächtigen Wand- wie auch den Dachflächen eine dramatischere Geometrie und Dynamik. Mit Abstand betrachtet, verstärkt sich der Eindruck, dieser Pavillon sei aus einem einzigen Metallstück so gefaltet worden.

Heavy Metal   Dieses Beispiel verdeutlicht gut die gestalterische Kraft, die von einheitlich eingesetzten Materialien ausgehen kann. Auch diese Möbel aus Hartkunststoff suggerieren, sie bestünden aus massiver Bronze und seien untrennbar mit dem stattlichen Pavillon verbunden. Die federnde Swingerform der Sitze lässt sie elastisch erscheinen. Das ornamentale Lochmuster verleiht ihnen eine fein schillernde Transparenz. Die großflächigen Steinplatten des Bodens vermitteln Stabilität und ordnen sich farblich dezent ein.

TIPP

Je feiner unterschiedliche Materialien wie Metall und Stein oder Holz und Stein aufeinander abgestimmt werden, desto interessanter entfaltet sich ihre jeweilige Einzelwirkung. Die Abstimmung kann entweder zu kontrastreichen oder umgekehrt zu vereinheitlichten Ergebnissen führen. Eine gewisse minimale Materialqualität ist jedoch die Grundvoraussetzung für gute Gestaltungslösungen.

Kaminzimmer   Mit allen Annehmlichkeiten ausgestattet, die der Freizeitmensch so braucht, lässt es sich in diesem sprichwörtlichen Außenwohnraum gut leben. Im Zentrum des Geschehens der Kamin mit einer echten Flamme, die allerdings von geruchsfreiem Ethanol gespeist wird. Der Ethanol-Brenner wird hier von dunklen Kieselsteinen verdeckt. Ein sehr schönes Design zeigt die Überdachung. Auf massiven Pfosten stehend, bietet die Sichtschutzlattung Schutz und Transparenz in gleichem Maße.

TIPP

Moderne Ethanol-Brenner werden mit flüssigem Bio-Ethanol betrieben und können, anders als Brenner auf Gel-Basis, jederzeit leicht gelöscht werden. Ein guter Qualitätsbrenner besitzt eine Schieberklappe in seinem Edelstahlgehäuse, mit der die Flammenhöhe steuerbar ist. Je nach Größe des Vorratsbehälters brennt eine etwa 30 cm hohe Flamme mit einer Füllung vier bis acht Stunden lang.

Saubere Flamme Auch dieses Beispiel zeigt einen Außenkamin mit Ethanol-Brenner. Bei genauerem Hinsehen erkennen Sie im Kaminboden eine Edelstahlplatte mit der länglichen Öffnung des eingebauten Brennerkastens. Der Vorteil dieser Brenner besteht darin, dass die Flammen geruchsfrei sind, keinen Rauch entwickeln und keine Asche produzieren. Daher benötigen sie auch keinen aufwendigen Rauchabzug. Der hier zu sehende „Kamin" stellt vor allem einen Windschutz dar, damit die Flamme ungestört züngeln kann. Die Wärmeabstrahlung der Flamme ist mit der eines Holzfeuers durchaus vergleichbar. Für Brenner, die im Außenbereich verwendet werden, sollte auch ein Schutz gegen Niederschlagswasser vorgesehen werden. Das kann ein vorgezogenes Kamindach sein oder eine speziell konstruierte Abdeckplatte.

Knisterstimmung   Wenn erst würziger Räucherduft und knisternde Holzscheite Sie in die richtige Lagerfeuerstimmung versetzen, bleibt der traditionelle Holzkamin Ihr Thema. Allerdings kann dann ein größerer Bauaufwand entstehen, wenn Sie einen funktionsfähigen Kamin als Rauchabzug benötigen. Dass dies gestalterisch kein Nachteil sein muss, sehen in diesem Beispiel. Hier wurde die Kaminstruktur detailreich gestuft, um dekorative Gegenstände in den Nischen aufzustellen. Ebenfalls findet sich in einer Erweiterung Raum für ein kleines Brennholzlager. Beachten Sie auch den Bodenbelag: Die Betonplatten in breitem Rasenfugenraster bieten eine stabile, günstig herzustellende Standfläche und wahren doch zugleich die hier gewünschte natürlich grüne Atmosphäre.

Leuchtfeuer Diese Lösung ist auch auf kleinsten Terrassen möglich. Der liebevoll gestaltete Feuertopf hat genügend Zierwert, um den Sitzbereich dauerhaft zu verschönern, könnte aber auch schnell anderswo verstaut werden. Wie bei einem herkömmlichen Holzkohlegrill ist hier mit Rußentwicklung und Funkenflug zu rechnen. Was die romantische Stimmung betrifft, dürfte so ein tanzendes Lagerfeuer direkt an Ihrem Lieblingsplatz jedoch alle anderen Mitbewerber um Längen schlagen.

> **TIPP**
>
> *Es klingt banal, aber es kann nicht oft genug erwähnt werden: Achten Sie bei Holzfeuer immer darauf, dass auch die Glut vollkommen gelöscht wurde, bevor Sie die Feuerstelle verlassen, denn eine Windbrise kann erloschen geglaubte Glut leicht wieder entfachen. Holzfeuerglut sollten Sie immer mit reichlich Wasser löschen.*

Sichere Bank In kleinen Gärten zählt jeder Zentimeter und oft ist für Stühle eigentlich gar kein Raum vorhanden. In einem solchen Fall können Ihnen Detaillösungen weiterhelfen, durch die Sie Sitze platzsparend mit anderen Gestaltungsteilen kombinieren. Immer eine gute Idee ist das klassische Hochbeet mit integrierter Sitzbank. Damit sind Sie raumtechnisch auf der sicheren Seite, denn das Hochbeet bringt Ihnen das Pflanzenerlebnis näher und könnte gleichzeitig als Rückenlehne dienen. Die hier gewählte Eckbank wurde schwebend, also ohne vordere Stützen im Mauerwerk verankert. Das schenkt wichtige Beinfreiheit. Übrigens: In den Beeten blüht gerade aromatischer Thymian – wenn Sie auf der Bank träumend dösen, direkt vor Ihrer Nase.

Frischzelle Sie träumen von einem leise plätschernden Brunnen, von Blumen umsäumt? Auch dafür ist Platz im kleinsten Garten. Eine ganz schlicht gehaltene Bank bindet die Beckenmauer und das angrenzende Hochbeet ein. Der Sitz reicht schon aus, um an heißen Tagen auch die erfrischende Fußdusche in dem Minibecken vor dem Brunnen zu genießen. Ihr Kreislauf wird erstaunt sein.

TIPP

Gerade kleine Wasserelemente veralgen schnell, wenn sie nicht regelmäßig gereinigt werden. Insbesondere wenn Sie Ihr Becken zum Abkühlen nutzen möchten, ist eine vollwertige Hygienetechnik notwendig, sonst kann Ihr Hautschweiß eine wahre Bakterienexplosion im Wasser auslösen. Planen Sie frühzeitig die Filtertechnik an einer trockenen Stelle.

Unter den Linden Gut aufgepasst, Sie haben Recht: Auf dem Foto sind keine Linden abgebildet, sondern Platanen. Speziell dafür in Dachform gezogen, eignet sich die Platane wie die Linde besonders gut für diesen traumhaften Schattenplatz in südlicher Stimmung. Wie Sie erkennen können, gelingt eine solche Gestaltung bereits in relativ kleinen Gartenräumen. In der Nähe des Nachbargrundstücks benötigen Sie allerdings das Einverständnis Ihrer Nachbarschaft. Wenn Sie sich verpflichten, die Dachform der Baumgruppe in der festgelegten Höhe durch Rückschnitt zu kontrollieren, sollten Ihre Nachbarn keine Einwände haben. Die Schnittmaßnahmen sind jährlich bis zweijährlich durchzuführen, da die Bäume sonst wieder ihrer Natur entsprechend auswachsen.

Unter den Linden

Baumpflanzung Achten Sie bei Baumpflanzungen auf ausreichend große Pflanzgruben, gutes Substrat und die Wasserversorgung. Die Bäume benötigen eine stabile Verankerung mit Holzpflöcken oder eine Unterflurverankerung. Sonst reißen die jungen Wurzeln bei Wind wieder ab.

Mediterranes Flair Insbesondere die Platane in fein knirschender Kiesfläche eignet sich für eine mediterrane Stimmung wie auf einem gemütlichen Dorfplätzchen in Südfrankreich. Setzen Sie Duftpflanzen wie Lavendel möglichst zahlreich, um ihren Duft wirklich gut wahrnehmen zu können.

Basislager Gerade wenn Sie noch unerfahren sind, sollten Sie sich bei der Gestaltung noch nicht zu viel „Design" zumuten. Die hier abgebildete Situation zeigt eine eher leicht umzusetzende Idee, die aber die grundlegenden Anforderungen an einen funktionierenden Sitzplatz erfüllt und Charme besitzt. Die Materialien sind leicht zu bearbeiten und kosten nicht die Welt. Kleine Hingucker wie der Mini-Rasen und Pflanzen beleben die Szenerie, die ein wenig an ein Camp erinnert.

TIPP

Eichenbalken sind ein vielseitig verwendbares Baumaterial, mit dem aufgrund seiner Bearbeitbarkeit und seines Eigengewichtes auch von weniger geübten Hobby-Landschaftsgärtnern höher gelegene Podeste, Hochbeete und Einfassungen gebaut werden können. Obwohl Eiche bereits eine hohe Festigkeit besitzt, sollten alle Dauerkontakte mit Erdfeuchtigkeit durch Folien vermieden werden.

Stammtisch   Quadratisch, praktisch, bequem. So einfach kann das gehen: Die spontane Idee – direkt verwirklicht – kann die beste Lösung sein. Insbesondere wenn viel Herzblut in ein Do-it-yourself-Projekt geflossen ist, gibt es nichts Schöneres als ein Eigenwerk wie dieses. Der Baumstamm wird zum Bestandteil des kleinen Podestes, das den Spaß, den die Gestalter beim Bauen hatten, geradezu wieder ausstrahlt. Achten Sie aber immer darauf, dass ein so eingefasster Stamm am Holzdeck seinen Bewegungsraum hat, der selbst bei stärkeren Winden noch ausreicht. Auch der funktionierende Sichtschutz im Hintergrund verrät, dass er im Teamwork vor Ort erdacht wurde.

Der kleine Unterschied Diese Sitzbank birgt ein interessantes Befestigungsdetail. Die Bankfläche führt nicht einfach in die verputzte Seitenwand hinein, um dort verankert zu werden. Das Bankelement besteht aus sechs massiven Balken, die auf einer Unterkonstruktion befestigt sind. Der vorderste Balken der Bankfläche wurde an der Mauervorderseite vorbeigeführt. Durch diese einfache Verlängerung entsteht gut erkennbar eine reizvolle Materialüberlagerung zwischen Mauer und Holz an der Wandstirn.

Betrachten Sie den übrigen Mauerverlauf noch einmal genauer: Auch die Mauern bieten Strukturierung. Die Stützwand zum unteren Garten übersteigt die Beetmauer hinter der Bank. Es handelt sich auch hier nur um wenige Zentimeter Unterschied, aber das bewirkt bereits einen deutlich dynamischeren Eindruck, als wenn alle Mauerkronen gleich hoch ausgeführt worden wären.

In der Fläche vor der Bank wartet noch ein weiteres Detail auf Sie. Hier ist ein schmaler Pflanzstreifen zu sehen, der als Blickachse aus dem Bild heraus verläuft. Der Streifen ist mit hellen Bubiköpfchen bepflanzt, die von Black Pebbles eingerahmt werden. Doch aufgepasst: Bubiköpfchen sind nicht frosthart. Im nördlichen Klimaraum wäre daher das beliebte Sternmoos (*Sagina subulata*) ein würdiger Stellvertreter; allerdings wuchert es im Unterschied zu Bubiköpfchen etwas stärker.

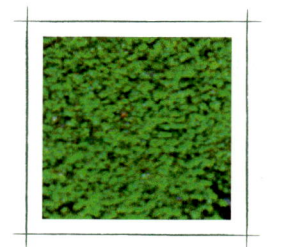

Sternmoos (Ersatz für Bubikopf) Sternmoos, Höhe 5 cm, moosartige, immergrüne Staude. Blüte: weiß, Juni–Juli, verträgt leichte Trittbelastungen.

Black Pebbles Schwarze Kunststeine für Dekorationszwecke in Außenanlagen, erhältlich in vielen Farben, Formen und Größen.

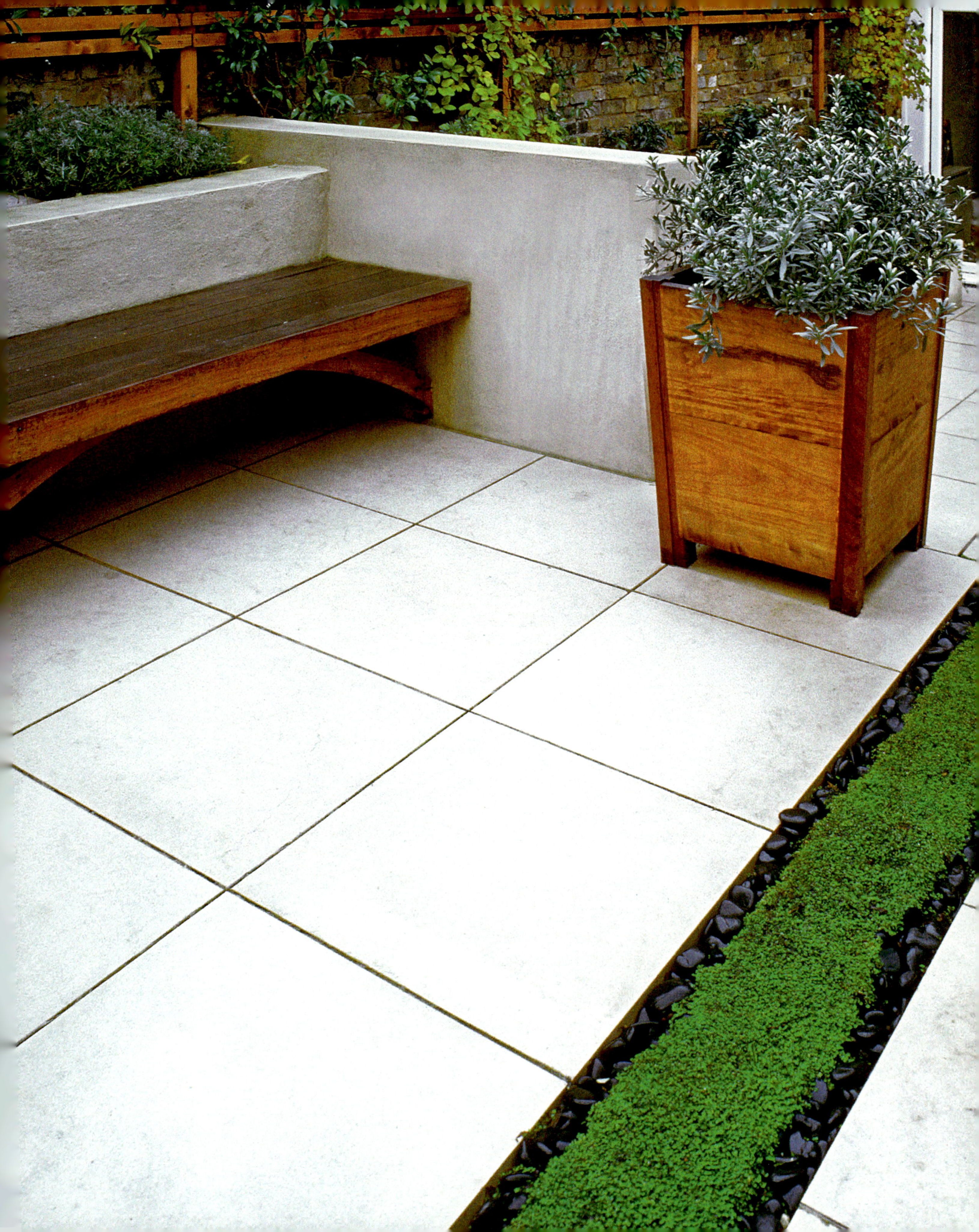

SITZPLATZ-DETAILS

Lamellenwand Bei der Sichtschutzwand kamen spezielle Fassadenprofile mit rhombischem Querschnitt zum Einsatz. Dadurch entsteht an der Wand der typische Eindruck von leicht geöffneten Lamellen. Die hinter der Wand befindlichen Holzpfosten werden am oberen Abschluss mit einem durchgehenden Zinkblech abgedeckt, um ein Eindringen des Niederschlagswassers zu verhindern.

Holzauswahl Waagerechte Holzdeckflächen werden aufgrund der Abnutzung sowie der auftreffenden UV-Bestrahlung und der Klimaeinflüsse besonders belastet. Je nach gewünschter Ausführungsqualität sind dort entsprechend haltbare Hölzer erforderlich. Zu beachten ist, dass auch unter den Tropenhölzern Billigware kursiert, deren Qualität bedenklich ist. Eine vernünftige Alternative zu Tropenholz ist durchaus die heimische, zertifizierte Douglasie, wenn sie kesseldruckimprägniert wurde. Ihre Dauerhaftigkeit ist insbesondere bei Sichtschutzwänden dann vollkommen ausreichend.

Linientreue   Dieses Design geht einen konsequenten Weg. Sein nüchternes Grundkonzept ist ein Holzdeck, dem eine Sichtschutzwand aus einer Lamellenlattung beigestellt ist. Die Sichtschutzwand verläuft nicht über die gesamte Breite des Decks, sondern endet auf beiden Seiten etwa 1,5 m vorher. Ein vergleichbares Prinzip ist auch in der Möblierung mit denselben Materialien Holz und Stahl zu erkennen. Wie bei der Wand schließt auch die Rückenlehne der Sitzbank deutlich früher ab als die ihr zugeordnete Ebene, die Sitzfläche. Die Gemeinsamkeit aller Elemente unterstützen auch die Lattungen, die an allen senkrechten Elementen waagerecht verlaufen.

Unverbesserlich Nicht immer liegt ein Sitzplatz im grünen Bereich. Doch sollte selbst die gestresste Städterseele abends einmal durchatmen können. Warum nicht auf dem Dach? Sorgen Sie dort zunächst für Behaglichkeit. Werten Sie die Fläche durch einen barfußfreundlichen Belag aus Holz oder Naturstein auf und dekorieren Sie Ihr Paradies sichtgeschützt mit duftigem Grün. Dazu ein bequemes Sitzmöbel, das leicht hinaufzutragen ist und sich in der Abstellkammer klein macht: der unsterbliche Klassiker unter den Gartenmöbeln, der geniale Klappsessel – hier zu sehen mit frischem Anstrich und in neuem Tuche. Wenn Sie dann auch die Hürde des Aufklappens erfolgreich überwinden konnten, steht Ihnen ein unschlagbarer Genuss bevor: ein milder Sommerabend über der dampfenden City.

Unveränderlich Der Garten-Künstler spielt hier mit den Platzsorgen kleiner Gärten. Er zeigt Liegen, die aussehen, als könne man sie verschieben, um vielleicht auch noch darunter etwas Nützliches anzupflanzen. Natürlich funktioniert so etwas nicht in Wirklichkeit. Sie könnten das Bild aber als Anregung betrachten, wie Liegen doch sehr leichtfüßig in Pflanzflächen zu integrieren sind, ohne je störend zu wirken. Da das Design überzeugt, könnten diese Liegen auch im Winter dort verbleiben.

> **TIPP**
>
> *Edelstahl gibt es in sehr unterschiedlichen Qualitäten. Wenn Sie ihn im Außenbereich einsetzen, genügt meist die Qualität V2A. Wenn Edelstahl öfter mit salzhaltigem Wasser oder Chlor in Kontakt kommt, sollte V4A verwendet werden.*

SITZPLATZ-DETAILS

Reetdach Reetdächer werden aus Schilfrohr hergestellt. Die Befestigungstechnik der kompakten Bündel unterscheidet Binden, Schrauben oder Nähen. Um das Eindringen von Regenwasser zu begrenzen, sollen Reetdächer mindestens 45° Dachneigung aufweisen. Eine gute Lüftung des Dachs verlängert seine Lebensdauer.

Tropisch wirkende Pflanzen
Japanischer Angelicabaum (Aralia elata)
Pfeifenwinde (Aristolochia macrophylla)
Pfahlrohr (Arundo donax)
Mammutblatt (Gunnera tinctoria)
Schmuck-Mahonie (Mahonia bealei)
Geschlitzter Essigbaum (Rhus typhina 'Dissecta')

Casa tropical In diesem Garten versetzt das exotische Schilfdach seine Besucher ins grüne Irgendwo der tropischen Regionen. Die dazu erforderliche Bautechnik, der traditionelle Reetdachbau, findet sich noch in Norddeutschland. Weitere Gestaltungselemente sind für ein solches Thema Materialien wie bruchrauer Naturstein und selbstverständlich die Bepflanzung. Die abenteuerlustigen Pflanzenfans unter Ihnen werden hier mit robusten Pflanzen des Südens ihr Glück versuchen. Alternativ könnten Sie auf eine klimagerechte Planung mit tropisch wirkenden Pflanzen setzen und dann Ihre Einkaufsexpedition starten. „Tropisch" bedeutet beispielsweise satte Farben und üppiges, exotisches Blattwerk.

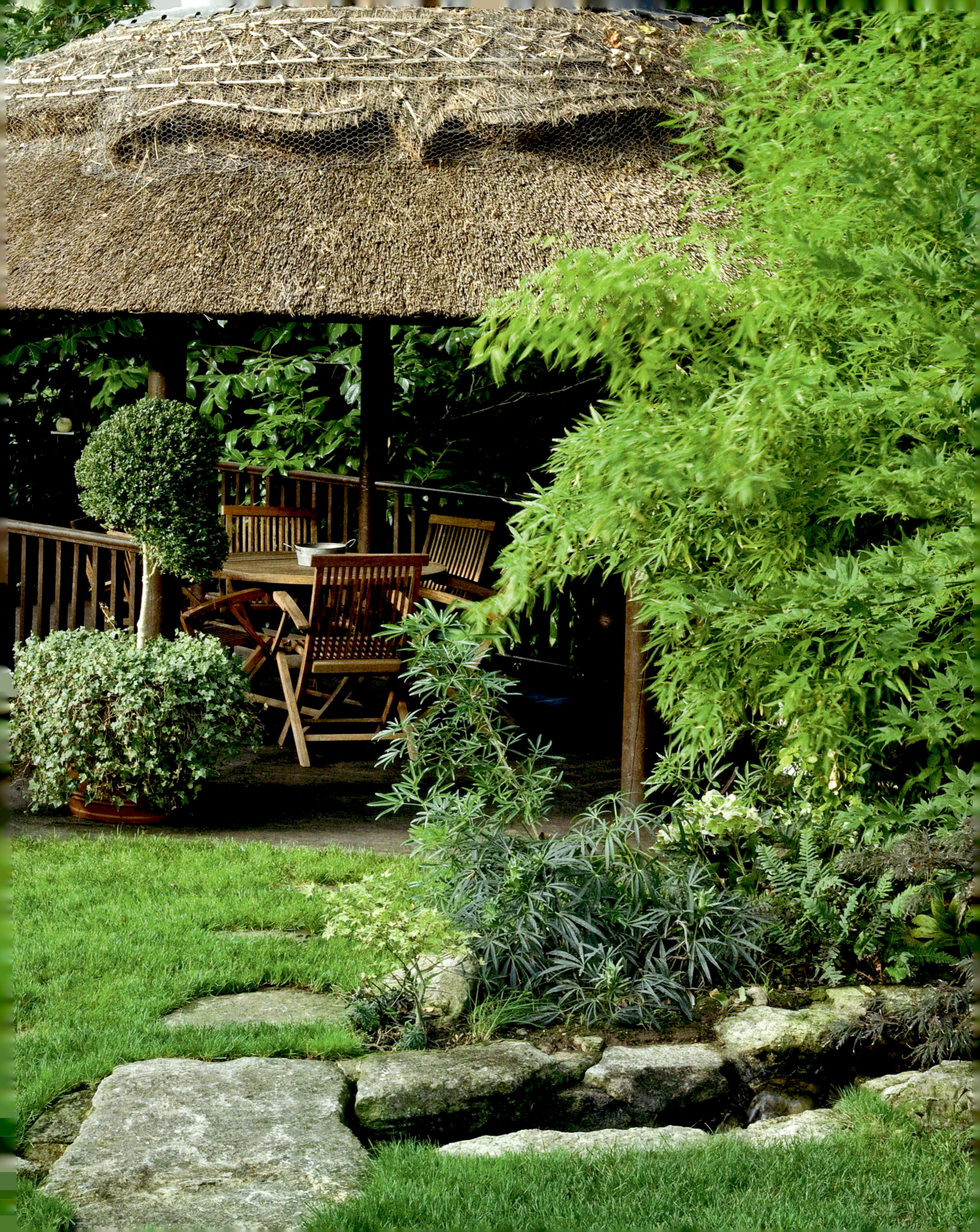

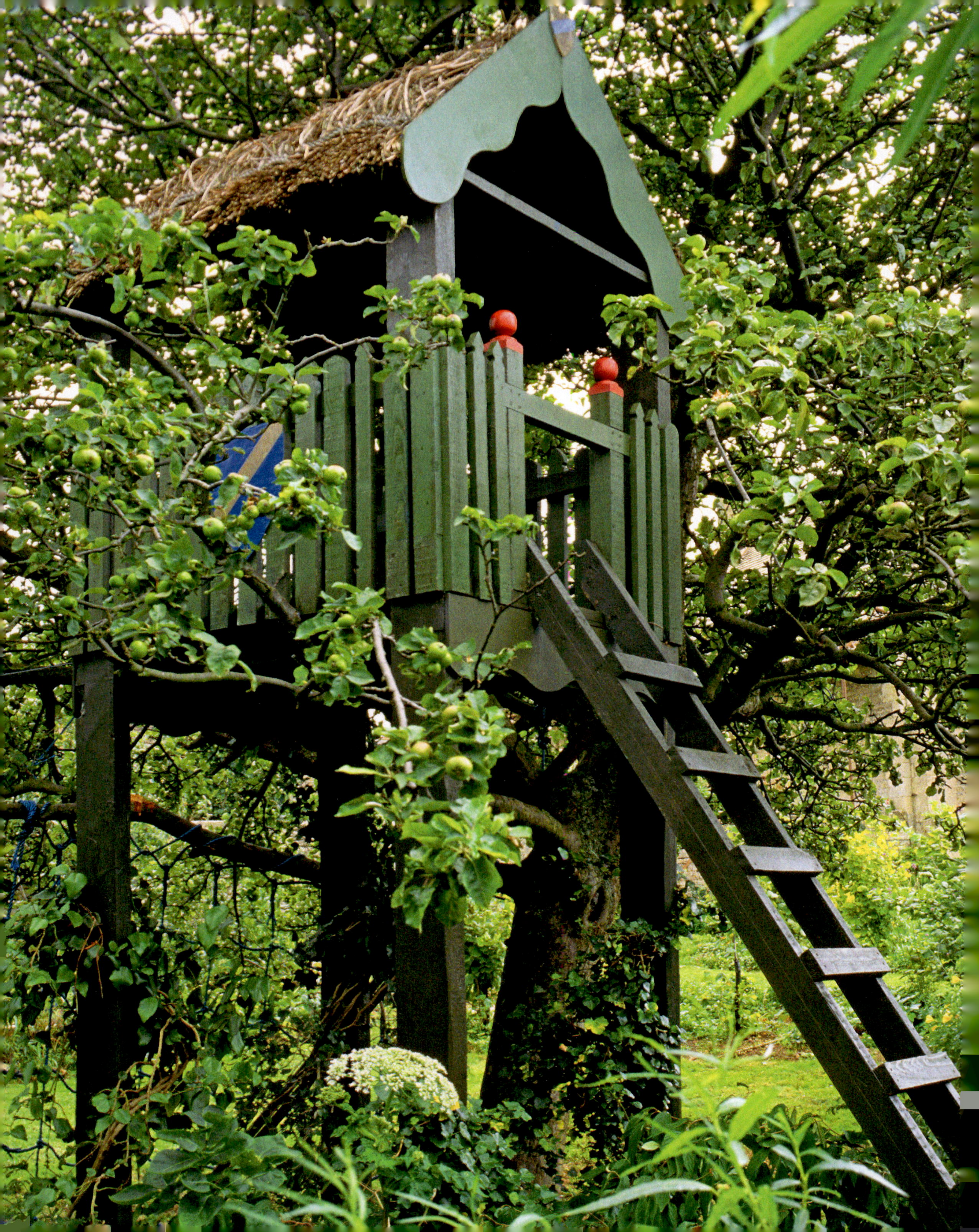

Luftschloss   Das Baumhaus übt eine große Faszination auf Kinder, aber auch auf viele Erwachsene aus. Es verspricht, den Lasten des Alltags für eine Weile zu entfliehen und einmal nur für sich zu sein. Hier oben lässt es sich unbeobachtet spielen oder in Ruhe arbeiten, vor allem aber wunderbar träumen.

Baumhäuser können in unterschiedlichsten Größen von der kleinen Spielbude bis hin zum kommunikationsfähigen Büro realisiert werden. Die Größe beziehungsweise das maximale Gewicht ist nur durch die Statik des ausgewählten Baumes begrenzt. Als Baum eignen sich nahezu alle heimischen Großgehölze. Ebenso können Sie kräftige Nadelbäume wie Zeder oder Kiefer in Betracht ziehen. Optimale Bedingungen bieten mehrstämmige Gehölze und Baumgruppen.

Der Naturgenuss im Baumhaus geht mit dem Respekt vor der friedlichen Würde alter Bäume einher. Ein schonender Umgang mit dem Baum sollte für Sie selbstverständlich sein. Stellen Sie daher sicher, dass zur Befestigung der Konstruktion nicht Schrauben oder Bolzen einfallslos durch das Gehölz getrieben werden. Das würde den Baum nachhaltig verletzen und kann zu Pilzbefall führen. Das langsame Absterben des Baumes wäre die Folge. Baumhäuser können heute mit Stahlseilen, speziellen Tragegurten und Polstern schonend im Baum aufgehängt werden. Ausgereifte Systeme dazu bietet die moderne Baumpflegetechnik. Wenn zusätzliche Stützpfosten am Boden erforderlich werden, sollten diese im Bereich der Wurzeln ebenfalls sehr umsichtig montiert werden. Sonst sägen Sie sozusagen an dem Ast, auf dem Sie sitzen wollen. Damit ein Baumhaus seine ganze Magie entfalten kann, ist es empfehlenswert, die Struktur vor dem Bau zu planen, doch selten ist das vollständig möglich. Viele Konstruktionsdetails können erst bei der Montage im Baum gefunden werden. Zögern Sie im Zweifel nicht, für den Bau die Hilfe von Profis zu suchen.

Wenn Sie dann jedoch zum ersten Mal dort oben in Ihrem Baum dem feinen Rauschen der Blätter folgen, werden Sie ein leises Glück verspüren und verstehen, was damit gemeint ist, dass auch die kleinste Hütte ein Palast sein kann.

> **TIPP**
>
> *Der Spaß im Baum ist nicht ungefährlich. Oberstes Gebot beim Baumhausbau sind die Stand- und die Absturzsicherheit. Hier sollten Sie überhaupt keine Kompromisse eingehen und absolut stabile Treppen und Geländer vorsehen. Türen und Luken dürfen sich auch bei Belastung nie von selbst öffnen.*

Anhang

Praxisteil Sitzplatzplanung

Wie Sie Ihren eigenen Sitzplatz planen können

Sitzplätze verlangen eine sorgfältige Planung. Doch was genau heißt das für einen Sitzplatz? Wieviel Planung brauche ich dafür? Machen Sie es wie ein Profi. Wie bei allen kreativen Tätigkeiten empfiehlt sich auch bei der Sitzplatzgestaltung eine systematische Vorgehensweise, damit nichts Wesentliches vergessen wird. So können Sie sich auch nicht im bunten Universum der vielen Möglichkeiten verlaufen. Klären Sie zuerst alle grundsätzlichen Planungsfragen und widmen Sie sich dann allen Gestaltungsdetails. Im Wesentlichen besteht die Ideenentwicklung für einen Sitzplatz aus drei Schritten:

- Bestandsaufnahme
- Nutzungskonzept
- Entwurfsplanung

Die Bestandsaufnahme Wenn Sie Ihren Sitzbereich neu planen möchten, nehmen Sie Stift und Notizblock, gehen in den Garten und beginnen bei der Bestandsaufnahme: Erkunden Sie aufmerksam das Gelände und stellen Sie zunächst fest, wie sich Sonne, Wind und Wetter auswirken. Notieren Sie beispielsweise, wo die Sonne zum Frühstück scheint oder wo es die letzten Strahlen der Nachmittagssonne gibt. Bedenken Sie dabei, dass vorhandene Bäume noch weiter wachsen und in einigen Jahren einen anderen Schatten werfen werden. Bläst oft ein kühler Wind um die Ecke oder steht dort die Hitze gerne an der Hauswand? Fällt viel Laub in diesem Bereich oder werden kleine Früchte immer wieder für bunte Flecken auf der hell gepflasterten Sitzplatzfläche sorgen? Dann möchten Sie die Platzfläche leicht säubern können.

Prüfen Sie jetzt auch das Geländeniveau: Sind Stufen zur Sitzplatzfläche hinauf erforderlich oder könnte dort andersherum der seitliche Boden bei einem Platzregen auf die neue Kiesfläche hinunterspülen? Dann wäre hier eine niedrige Gartenmauer sinnvoll.

Sodann steht die Gartenumgebung auf dem Prüfstand: Wo kann ich mich blickgeschützt sonnen und was möchte ich von meinem Platz aus gerne betrachten – die Landschaft, einen imposanten Baum oder die schöne Architektur meines Hauses? Notieren Sie sich auch, was Sie von ihrem Sitzplatz aus möglicherweise auf keinen Fall sehen möchten. Vielleicht kann hier ein dichter Strauch oder ein schattiger Baum Abhilfe schaffen. Er benötigte dann aber auch seinen Pflanzraum, um sich seiner Natur entsprechend ausbreiten zu können – im Boden und selbstverständlich auch oberhalb.

Das Nutzungskonzept   Weiter geht es mit dem Nutzungskonzept. Jetzt entscheiden Sie bereits die ersten Planungsschritte: Wer und wie viele Personen sollen den Sitzplatz nutzen können? Welche besonderen Aktivitäten soll der Platz ermöglichen? Möchten Sie dort nur faulenzen oder auch einmal mit Freunden grillen? Genügt abends eine Kerze oder benötigen Sie einen Elektroanschluss für eine hellere Beleuchtung?

Die Entwurfsplanung   Nun steigen Sie in die Entwurfsplanung ein: Für die Terrasse überlegen Sie sich die Größe und Form und schauen dabei, mit welchen Materialien dies zu verwirklichen ist. Selbstverständlich geht das auch umgekehrt: Wenn Ihnen ein bestimmtes Material besonders gut gefällt, probieren Sie aus, welche Flächenformen und Fugenbilder damit möglich sind.

Jetzt legen Sie auch die Größe des Sitzplatzes fest. Je nach Bedarf soll er neben den Sitzgelegenheiten vielleicht auch weitere Gestaltungselemente wie einen leise plätschernden Brunnen aufnehmen oder Ausstattungen wie eine praktische Grillmöglichkeit. Wenn der Sitzplatz erhöht oder ein wenig abgesenkt liegen soll, sind Stufen notwendig. Diese könnten eventuell von einer seitlichen Mauer begleitet werden, welche sich je nach Höhe und Breite auch als weitere Sitzgelegenheit oder als Abstellfläche für Gartendekorationen eignet. Liegt der Platz am Wasser, ist besonders auf einen ausreichend großen Bewegungsraum zu achten. Auch die grüne Umgebung des Sitzplatzes ist einzubeziehen. Bei Pflanzbeeten sollten Sie möglicherweise Pflanzen vermeiden, die häufig von Bienen ausgesucht werden. Dies sind zum Beispiel bestimmte Glockenblumen, Salbei oder Türkenmohn. Ich bevorzuge in Sitzbereichen gerne Duftpflanzen wie die aromatischen Lavendelsortimente oder, kombiniert mit Gräsern, öfterblühende Duftrosensorten wie 'White Roadrunner' oder die Kletterrose 'Laguna'.

Sofern Sie eine Beleuchtung wünschen, achten Sie darauf, dass Sie von den Lichtquellen nicht geblendet werden. Die Leuchten sollten möglichst vom Betrachter weg strahlen. Ideale Bedingungen liegen vor, wenn sich Pflanzen, Wände oder andere Gegenstände zur indirekten Beleuchtung anbieten. Seien Sie sparsam mit Licht, wenn es um reine Stimmungsbeleuchtung geht. Die Lichtempfindlichkeit des Auges erhöht sich bei Dunkelheit deutlich und daher kann an einem Sitzplatz schon eine Leuchte genügen, die der Helligkeit einiger weniger Kerzen entspricht.

Zum Abschluss noch ein ganz wichtiger Planungshinweis für Sie: Bedenken Sie bei allen Entscheidungen, dass Ihr Sitzplatz die nächsten zehn, zwanzig oder noch mehr Jahre im Freien bestehen soll. Regenwasser, tiefer Frost, Hitze und intensive UV-Bestrahlung werden dem Sitzplatz zusetzen. Später erforderliche Reparaturen sind meist nur sehr aufwendig zu bewerkstelligen.

> **TIPP**
>
> *Ein oft unterschätztes Thema ist im Garten die Entwässerung der Oberfläche von versiegelten Belagsflächen. Damit Regenwasser zügig von den Flächen abläuft und sich keine schmutzigen Pfützen oder im Winter Eis bilden können, muss bei versiegelten Flächen und auch bei Treppenstufen immer ein bestimmtes Entwässerungsgefälle eingeplant werden. Entwässerungsgefälle sind immer vom Haus wegführend anzulegen. Nur durchlässige Beläge wie Kies oder Splitt benötigen kein Entwässerungsgefälle.*

Alle Unterbauten, Fundamente und Belagsmaterialien sollten daher eine entsprechend gute Qualität aufweisen und mit erfahrenem Sachverstand verbaut werden. Prüfen Sie also jede kreative Gestaltungsidee immer auch kritisch auf diese klimatischen Belastungen, damit Ihr neuer Sitzplatz dauerhaft in Form bleibt und immer einladend aussieht.

Wissenswertes zu Baustoffen für Sitzplätze

Möbel	Pflege	Wiederholung	Anmerkungen
Weichholz	Regelmäßig sanft reinigen mit warmem Wasser, Spülmittel und Schwamm, ölen verlängert die Haltbarkeit	1 x jährlich bzw. je nach Bealgung	Kein Dampfstrahler, er greift die Oberfläche an! Weichholz-Möbel möglichst trocken unterstellen bzw. lagern
Hartholz, heimisch	Regelmäßig sanft reinigen mit warmem Wasser, Spülmittel und Schwamm, ölen verlängert die Haltbarkeit nur unwesentlich	1 x jährlich	Kein Dampfstrahler! Jede Holzoberfläche verliert ihre Farbpigmente unter UV-Bestrahlung unwiederbringlich. Öl verbessert nur kurzfristig die Optik
Hartholz, tropisch	Regelmäßig sanft reinigen mit warmem Wasser, Spülmittel und Schwamm, ölen verlängert die Haltbarkeit meist nicht	1 x jährlich	Kein Dampfstrahler! Viele Tropen-Harthölzer enthalten bereits genügend eigene Ölsubstanzen im „steinharten" Zellgewebe
Holz, lasiert	Regelmäßig sanft reinigen mit warmem Wasser, Spülmittel und Schwamm	1–2 x jährlich	Kein Dampfstrahler!
Holz, lackiert	Regelmäßig sanft reinigen mit warmem Wasser, Spülmittel und Schwamm	1–2 x jährlich	Bei Abplatzungen frühzeitig nachstreichen, um die Bildung von Feuchtigkeitsnestern zu vermeiden
Kunststoff	Regelmäßig sanft reinigen mit warmem Wasser, Spülmittel und Schwamm	1–2 x jährlich	Keine lösungsmittelhaltigen Reiniger einsetzen!
Flechtwerk	Nur feucht reinigen	2–4 x jährlich	Relativ witterungsempfindlich, ein edles Design ist für den Außenbereich nur bedingt geeignet – oder Patina sollte akzeptiert werden
Poly-Rattan (Kunststoff)	Regelmäßig sanft reinigen mit warmem Wasser, Spülmittel und Schwamm	2–4 x jährlich	Kein Dampfstrahler!
Aluminium	Regelmäßig sanft reinigen mit warmem Wasser, Spülmittel und Schwamm	1–2 x jährlich	Bei weiterem Bedarf speziellen Aluminium-Reiniger verwenden
Edelstahl	Regelmäßig sanft reinigen mit warmem Wasser, Spülmittel und Schwamm	1–2 x jährlich	Bei weiterem Bedarf speziellen Edelstahl-Reiniger verwenden
Beton	Vorsichtiges Reinigen mit Dampfstrahler ist möglich	1 x jährlich	Eine Versiegelung mit einem Schutzwachs empfiehlt sich

Bodenbeläge	Pflegeaufwand	Unterbau	Anmerkungen
Kunststein-Platten	Regelmäßig mit klarem Wasser abspritzen, 1–2 x jährlich	Terrasse: Schottertragschicht, Dicke 20 cm	Alle Steinarten: Helle Steine wirken schneller unansehnlich. Beschichtungen und Imprägnierungen verlieren sich je nach Standort innerhalb weniger Jahre, Dampfstrahler beschleunigen den Effekt!
Naturstein-Platten	Regelmäßig mit klarem Wasser abspritzen, 1–2 x jährlich, saugfähige Steine wie Sandstein erfordern jedoch mehr Aufwand	Terrasse: Schottertragschicht, Dicke 20 cm	Alle Steinarten: Organische Flecken (Fettspritzer, Rotwein, Laub etc.) verblassen in der Regel durch Sonnen- und Regeneinwirkung

Pflaster	Regelmäßig mit klarem Wasser abspritzen, 1–2 x jährlich, mehr Fugen erfordern jedoch mehr Pflegeaufwand gegen Unkräuter und Moos	Terrasse: Schottertragschicht, Dicke 20 cm	Alle Steinarten: Kunstharzfugen sind pflegeleichter, benötigen jedoch eine aufwendigere Drainmörtelschicht oberhalb der Frostschutzschicht
Klinker	Regelmäßig mit klarem Wasser abspritzen, 1–2 x jährlich, mehr Fugen erfordern jedoch mehr Pflegeaufwand gegen Unkräuter und Moos	Terrasse: Schottertragschicht, Dicke 20 cm	Schnelle Bemoosung wie bei Sandstein, jedoch nicht unattraktiv als Patina
Kies	Regelmäßig abharken, um den Eintrag organischer Masse zu minimieren	Terrasse: Schottertragschicht, Dicke 20 cm, trockene Schotterschicht ist die beste Lösung gegen Unkrautkeimung!	Deutlich geringste Baukosten
Hartholz	Regelmäßig sanft reinigen mit warmem Wasser, Spülmittel und Bürste, ölen verlängert die Haltbarkeit	Gut unterlüftete Holzkonstruktion auf Betonsteinpunkten auf Schottertragschicht, Dicke 20 cm	Kein Dampfstrahler! Jede Holzoberfläche verliert ihre Farbpigmente unter UV-Bestrahlung unwiederbringlich. Öl frischt nur kurzfristig die Optik auf
Tropenholz	Regelmäßig sanft reinigen mit warmem Wasser, Spülmittel und Bürste, ölen verlängert die Haltbarkeit meist nicht	Gut unterlüftete Holzkonstrution auf Betonsteinpunkten auf Schottertragschicht, Dicke 20 cm	Kein Dampfstrahler! Viele Tropen-Harthölzer enthalten bereits genügend eigene Ölsubstanzen im Zellgewebe

Sichtschutzelemente	Pflegeaufwand	Zusätzliche Elemente bei Montage	Anmerkungen
Holz, allgemein	Bei Bedarf sanft reinigen mit warmem Wasser, Spülmittel und Bürste	Alle Verbindungsteile mindestens aus verzinktem Stahl, immer Erdanker verwenden	Bei Weichhölzern ist der „konstruktive Holzschutz" ein Muss, nur „Kernholz" verwenden
Eiche, div. Tropenhölzer	Bei Bedarf sanft reinigen mit warmem Wasser, Spülmittel und Bürste	Alle Verbindungsteile mindestens aus verzinktem Stahl, immer Erdanker verwenden, jedoch alle Verbindungsteile aus Edelstahl, wenn Gerbsäure abgesondert wird	Senkrechte Wände werden nicht so stark belastet wie Terrassenböden
Holz, lackiert bzw. lasiert	Bei Bedarf sanft reinigen mit warmem Wasser, Spülmittel und Bürste	Alle Verbindungsteile mindestens aus verzinktem Stahl, immer Erdanker verwenden, jedoch alle Verbindungsteile aus Edelstahl, wenn Gerbsäure abgesondert wird	Senkrechte Wände werden nicht so stark belastet wie Terrassenböden
Steinmauern und Betonwände	Bei Bedarf sanft reinigen mit warmem Wasser, Spülmittel und Bürste, jedoch auch Dampfstrahlereinsatz ist möglich	Frostfreies Betonelement ist immer erforderlich, T 80 cm, auf Kiesschicht D 15 cm	Bei Mauern aus Ziegel etc. Horizontalisolierung auf Fundamentoberseite nicht vergessen!
Stahl, verzinkt	Bei Bedarf sanft reinigen mit warmem Wasser, Spülmittel und Bürste, jedoch auch Dampfstrahlereinsatz ist möglich	Stahlpfosten, verzinkt	Verzinkung darf nicht verletzt werden, sonst „kalt" nachverzinken
Metalle, weitere	Bei Bedarf sanft reinigen mit warmem Wasser, jedoch auch Dampfstrahlereinsatz ist möglich	Stahlpfosten, verzinkt	Verzinkte Erdanker empfehlen sich
Acryl und Plexiglas	Reinigen mit viel warmem Wasser, Spülmittel und Bürste	Rahmenkonstruktion ist erforderlich	Gefahr der Verkratzung beachten, nur lichtechte Qualitäten einsetzen
Segel	Regelmäßig reinigen mit warmem Wasser, Spülmittel und Bürste, 1 x jährlich	Pfosten und Seilverspannungen	Pfosten müssen statisch stabil einbetoniert werden, Seilverspannungen benötigen Platz
Glas	Reinigen mit viel warmem Wasser und Spülmittel, jedoch auch vorsichtiger Dampfstrahlereinsatz ist möglich	Rahmenlose Montage ist bei extra dickem Verbundsicherheitsglas möglich	Scheibe wird in ein einbetoniertes U-Profil am Boden festgeklemmt

Bildnachweis

Jürgen Becker: 12–13, Design: Otium, B; 14–15, Design: Stijn Verhalle, Exterior, B; 42–43, Design: Verona Michael, D / Garten: Verona und Volker Michael, Baesweiler, D; 44–45, Design: Volker Püschel, D / Garten: Familie Schumacher, Mettmann, D; 50–51, Garten und Design: De Heerenhof, Maastricht, NL; 52–53, Garten: Evi Meier, Grävenberg, D; 54–55, Garten: Familie Lekens, Middelburg, B; 56–57, Garten: Susanne Paus und Peter Zweil, Bocholt, D; 58–59, Garten: Designlager, Bärbele Krug, Dülmen, D; 71, Garten: Klaus Bender und Manfred Lucenz, Bedburg-Hau, D; 76–77, Garten: De Brinkhof, Hernen, NL; 80–81, Garten: De Wiersse, Ruinen, NL; 90–91, Design: A.J. van der Horst, NL / Garten: Sarina Meijer, Axel, NL; 92–93, Design: Volker Püschel, D / Garten: Familie Schumacher, Mettmann, D; 98–99, Design: Stijn Cornilly, B; 114–115, Garten: De Hagenhof, Angeren, NL; 122–123, Garten: Nina Balthau, Oosteeklo, B; 160–161, Garten: Designlager, Bärbele Krug, Dülmen, D; 166–167, Design: Peter Berg, D / Garten: Fritz Döpper, lichtundcreatives, Hilden, D;

Ursel Borstell: 21, Garten: Familie Schopf, Bad Vilbel, D; 32–33, Design: Rosenhaege Living Gardens, Gartenarchitektin Willy Grijsen, Winterswijk, NL / Garten: Familie Einhaus, Dorsten, D; 46–47, Design: Garten- und Landschaftsbau Birger Bredenbrücher, Essen, D / Garten: Mustergartenanlage GRUGA-Park Essen, D; 134–135, Design: Rosenhaege Living Gardens, Gartenarchitektin Willy Grijsen, Winterswijk, NL / Garten: Familie Hüffermann, Dötlingen, D;

Modeste Herwig: 110–111, Design: Drusilla Stewart & William Beresford, GB / Garten: Help for Heroes Sanctuary Garden, Chelsea Flower Show, GB;

Klaus Lorke (Klocke Verlag): 4 (Manuel Sauer);

Marianne Majerus: 6 Mitte, 138, 139, Design: Declan Buckley, GB / Garten: Privatgarten, Kent, GB; 6 unten, 100, 101, Design: Julie Toll, GB / Garten: Privatgarten, London, GB; 7 Mitte, 148–149, Design: Piet Oudolf, NL / Garten: Scampston Hall, Yorkshire, GB; 7 unten, 152, 153, Design: Tom Stuart-Smith / Garten: RHS Chelsea Flower Show, GB; 8–9, Design: Gabriele Koch / Garten: Privatgarten, L; 18–19, Design: Lucy Sommers / Garten: Privatgarten, London, GB; 22–23, Design: Claire Mee / Garten: Privatgarten, London, GB; 24–25, Design: Ali Ward / Garten: Privatgarten, London, GB; 26–27, Design: Kathy Taylor / Garten: Privatgarten, London, GB; 30–31, Design: Sara Jane Rothwell / Garten: Privatgarten, London, GB; 34–35, Design: Stuart Craine / Garten: Privatgarten, London, GB; 38–39, Design: Adam Frost / Garten: RHS Chelsea Flower Show, GB; 40–41, Design: del Buono Gazerwitz Landscape Architecture / Garten: Privatgarten, London, GB; 64–65, Design: Tessa Hobbs / Garten: Privatgarten, Norfolk, GB; 70, Design: John and Leslie Jenkins / Garten: Wollerton Old Hall, Shropshire, GB; 74–75, Design: Privatgarten, London, GB; 78–79, Design: Lynne Marcus / Garten: Privatgarten, London, GB; 82–83, Design: Charlotte Rowe / Garten: Privatgarten, London, GB; 84–85, Design: David Cubero and James Wong / Garten: RHS Chelsea Flower Show, GB; 88–89, Design: Jonathan Bailie / Garten: Privatgarten, Menorca, SP; 94–95, Design: Rachel de Thame / Garten: RHS Chelsea Flower Show, GB; 96–97, Design: Donna Bone / Garten: Privatgarten, USA; 102–103, Design: Nicholas Dexter / Garten: RHS Chelsea Flower Show, GB; 106–107, Design: Diarmuid Gavin and Stephen Reilly / Garten: RHS Chelsea Flower Show, GB; 108, Design: Lynne Marcus / Garten: Privatgarten, London, GB; 109, Design: Susanne Blair / Garten: Privatgarten, London, GB; 112–113, Design: Christopher Bradley-Hole / Garten: Privatgarten, London, GB; 116–117, Design: Declan Buckley / Garten: Privatgarten, London, GB; 118–119, Design: Sara Jane Rothwell / Garten: Privatgarten, London, GB; 124–125, Design: Christopher Masson / Garten: Privatgarten, London, GB; 140, 141, Design: Scott Wynd / Garten: Fleming's Nurseries, RHS Chelsea Flower Show, GB; 144, Design: Sara Jane Rothwell / Garten: Privatgarten, London, GB; 145, Design: Stephen Woodhams / Garten: Privatgarten, London, GB; 146, Garten: RHS Garden, Wisley, Surrey, GB; 147, Design: Julie Toll / Garten: Privatgarten, London, GB; 150–151, Garten: RHS Chelsea Flower Show, GB; 154, Design: Randle Siddeley / Garten: Privatgarten, London, GB; 155, Design: Noel Duffy / Garten: RHS Hampton Court Flower Show, GB; 156, Garten: Privatgarten, Studio City, USA; 157, Design: Claire Mee / Garten: Privatgarten, London, GB; 158, Design: Helen Williams / Garten: RHS Hampton Court Flower Show, GB; 159, Design: Selina Botham / Garten: RHS Hampton Court Flower Show, GB; 162, Design: Nicola Gammon / Garten: Privatgarten, London, GB; 163, Design: Alastair Howe Architects / Garten: Privatgarten, London, GB; 164–165, Design: Charlotte Rowe / Garten: Privatgarten, London, GB; 168, Design: Michèle Osborne / Garten: Privatgarten, London, GB; 169, Design: Paul Martin / Garten: RHS Chelsea Flower Show, GB; 170–171, Design: Julia Brett / Garten: Privatgarten, Essex, GB; 172, Design: Bunny Guinness / Garten: Privatgarten, Cambs., GB; 174–175, Design: Julie Toll / Garten: Privatgarten, London, GB;

Volker Michael: 10–11, Design: Dina Deferme / Garten: Diane & Elie Indeherberg-Zeelmaekers, Zolder, B; 104–105, Design: Iris & Patrick Dryepoordt / Garten: „Kragenhof", Iris & Patrick Dryepondt, Westkapelle, B; 127, Design: Lieve & Eric Hermans-Joachims / Garten: „De tuin van Erik en Lieve", Lieve & Eric Hermans-Joachims, Heusden-Zolder, B; 68–69, Design: Peter Hofstede, Doesburg, NL / Garten: „Hoeve d'n Nootenboom", Bets Krosse, Aerdt, NL; 126, Design: Dina Deferme / Garten: Dina Deferme, Stokrooie, B; 28, 29, Design: Valentin Wijnen / Garten: „Grakes Heredij", Melanie & Valentin Wijnen-Schilperoord, Hoeselt, B; 62–63, Design: Roger Vermeiren / Garten: „De Groene Gedachte", Edith & Roger Vermeiren-Moerman, Zingem-Ouwegem, B; 36–37, Design: Arthur De Geyter, Arnold Van De Caesbeek, B / Garten: „De Heester", Lieve & Arnold Van De Caesbeek, Brugge - Sint-Andries, B; 7 oben, 72–73, Design: Ineke Greve / Garten: „Huys de Dohm", Ineke Greve, Heerlen, NL; 128–129, Design: Jikke & Lucien Hamerpagt / Garten: „Locus Flevum", Jikke & Lucien Hamerpagt, Lelystad, NL; 132, Design: Piet Oudolf, Hummelo, NL / Garten: Ankje & Folkert de Vries-Bootsma, Lemmer, NL; 2–3, Design: Leen J. Goedegebuure / Garten: „Kijktuinen Nunspeet", Leen J. Goedegebuure, Nunspeet, NL; 142–143, Design: Heinz-Günther Schürmann / Garten: Hanni & Heinz-Günther Schürmann, Selfkant-Tüddern, D; 133, Design: „De Tuinen van Appeltern", Appeltern, NL; 136–137, Design: Nel & Theo Verheggen / Garten: „Romantische Tuin", Nel & Theo Verheggen, Lottum, NL; 66–67, Design: Leen J. Goedegebuure / Garten: „Kijktuinen Nunspeet", Leen J. Goedegebuure, Nunspeet, NL; 130–131, Design: Chris Ghyselen, Beernem-Oedelem, B / Garten: „Willow Cottage", Kathleen & Dirk Vandenberghe-Dobbels, Merelbeke, B; 1, 60–61, Design: Brigitte Röde, Köln, D / Garten: Susanne & Ulrich Post-Schenke, Frechen, D; 6 oben, 20, Design: „De Tuinen van Willem Burssens", Lovendegem, B;

Impressum

© 2011 Gräfe und Unzer Verlag GmbH, München.

Alle Rechte vorbehalten. Nachdruck, auch auszugsweise, sowie Verbreitung durch Film, Funk, Fernsehen und Internet, durch fotomechanische Wiedergabe, Tonträger und Datenverarbeitungssysteme jeder Art nur mit schriftlicher Genehmigung des Verlags.

Bildredaktion: Johanna Hänichen, Petra Ender (Cover)
Illustrationen: Gartenplanungsbüro Peter Janke, Dipl.-Ing. Jana Mönnikes
Layout, Satz, Bildbearbeitung, Lithografie, Lektorat: MAKRO CHROMA Joest & Volk OHG, Werbeagentur, Hilden
Umschlaggestaltung: independent Medien-Design, München
Druck: aprinta, Wemding
Bindung: Conzella, Pfarrkirchen
ISBN 978-3-8338-2242-1
1. Auflage 2011

Unsere Garantie

Alle Informationen in diesem Ratgeber sind sorgfältig und gewissenhaft geprüft. Sollte dennoch einmal ein Fehler enthalten sein, schicken Sie uns das Buch mit dem entsprechenden Hinweis an unseren Leserservice zurück. Wir tauschen Ihnen den GU-Ratgeber gegen einen anderen zum gleichen oder ähnlichen Thema um.

Liebe Leserin und lieber Leser,

wir freuen uns, dass Sie sich für ein GU-Buch entschieden haben. Mit Ihrem Kauf setzen Sie auf die Qualität, Kompetenz und Aktualität unserer Ratgeber. Dafür sagen wir Danke! Wir wollen als führender Ratgeberverlag noch besser werden. Daher ist uns Ihre Meinung wichtig. Bitte senden Sie uns Ihre Anregungen, Ihre Kritik oder Ihr Lob zu unseren Büchern. Haben Sie Fragen oder benötigen Sie weiteren Rat zum Thema? Wir freuen uns auf Ihre Nachricht!

Wir sind für Sie da!
Montag–Donnerstag: 8.00–18.00 Uhr;
Freitag: 8.00–16.00 Uhr
Tel.: 0180-5005054*
Fax: 0180-5012054*
E-Mail: leserservice@graefe-und-unzer.de

*(0,14 €/Min. aus dem dt. Festnetz/Mobilfunkpreise maximal 0,42 €/Min.)

PS: Wollen Sie noch mehr Aktuelles von GU wissen, dann abonnieren Sie doch unseren kostenlosen GU-Online-Newsletter und/oder unsere kostenlosen Kundenmagazine.

GRÄFE UND UNZER VERLAG
Leserservice
Postfach 86 03 13
81630 München

In Zusammenarbeit mit:
BECKER JOEST VOLK VERLAG

GRÄFE UND UNZER
Ein Unternehmen der GANSKE VERLAGSGRUPPE